WO PERFEKTIONISMUS ANFÄNGT, HÖRT DER SPASS AUF

BENITA FELLER
MICHAEL BREPOHL

humboldt

INHALT

VORWORT

„When too perfect, lieber Gott böse."

Nam June Paik, koreanischer Künstler

Liebe Leserin, lieber Leser,

bevor ich vor einigen Jahren meine Praxis als psychotherapeutische Heilpraktikerin eröffnete, habe ich eine ganze Weile als Redakteurin bei einem Modemagazin gearbeitet. Darum kenne ich sämtliche Tricks und Kniffe der Branche, wie man Menschen perfekt inszeniert, um sie zu Vorbildern zu machen, die kein normaler Mensch jemals erreichen kann. Schon weil niemandem von uns ein ganzer Stab von Make-up-Artisten oder Stylistinnen zur Verfügung steht, die sich stundenlang um den perfekten Look kümmern.

Mit anderen Worten: Ganz viel von der Perfektion, die man uns vorgaukelt, ist nichts als Hokuspokus. Und das liegt nicht nur an Bildbearbeitungsprogrammen wie Photoshop. Trotzdem vergeht kaum ein Tag, an dem nicht ein Klient zu mir in die Praxis kommt, der unter der Vorstellung leidet, nicht perfekt genug zu sein. Und das kann ganz viele Ausprägungen haben. Es gibt zahllose Menschen, die sich im Job krank arbeiten, weil sie denken, sie müssten immer die perfekte Leistung bringen oder immer „die Extrameile gehen". So lange, bis ihr Körper nicht mehr mitmacht und der Burn-out sie zur Strecke bringt. Nicht nur junge Mädchen hungern sich krank, um eine Figur wie „Germany's Next Topmodel" zu bekommen, auch Frauen in den Vierzigern befinden sich im ständigen Krieg gegen ihren eigenen Körper. In der Paartherapie ist einer der häufigsten Sätze, die ich höre: „Ich wollte doch, dass alles perfekt ist."

In meiner Praxis habe ich es mit unterschiedlichen Typen von Perfektionisten zu tun. Da gibt es die, die bei einem Thema absolut perfekt sein wollen, beispielsweise möchten sie mit allen Mitteln eine Traumfigur bekommen oder sie legen sämtliche Energie in den Job. Dann gibt es die Multiperfektionisten, die in allem immer herausragend sein möchten, zum Beispiel die perfekte Mutter, die eine Bilderbuchkarriere hinlegt und zusätzlich Yogameisterin werden will.

Die weitaus größte Gruppe aber bilden diejenigen, die immer nur das Gefühl haben, besser sein zu müssen, tatsächlich aber kaum etwas dafür tun. Sie liegen beispielsweise am Sonntag auf dem Sofa und denken darüber nach, dass sie eigentlich joggen gehen müssten, tun es aber nicht, haben ein schlechtes Gewissen und können deshalb ihr Leben nicht genießen. Und dann sind da noch diejenigen, die sich immer schlecht fühlen, weil sie meinen, etwas an ihnen müsste besser sein. Innerlich sind sie ständig mit sich im Konflikt, weil sie nicht die ideale Nase haben, nicht die perfekte Strandfigur, nicht den rundum erfüllenden Job und auch nicht den perfekten Look im Schrank.

Das große Problem bei all dem Perfektionswahn: Wer immer perfekt sein möchte, der wird sich niemals gut genug sein. Dieses Buch soll allen Menschen helfen, die meinen, sie wären nicht gut genug, so wie sie sind. Ich habe es für Sie geschrieben, damit Sie entdecken, was für ein wunderbarer Mensch Sie sind, auch wenn Sie keine Modelfigur haben, nicht fließend Chinesisch sprechen und sich auch immer noch nicht für den Iron-Man-Wettbewerb auf Hawaii angemeldet haben. Denn wer ständig nach Perfektion strebt, verliert all das Gute in seinem Leben aus den Augen!

Ihre
Benita Feller

PERFEKTION: WARUM SIE EINE ILLUSION IST

Immer perfekt sein, immer im Sonnenschein stehen – das kann auf die Dauer nicht gutgehen. Um zu verstehen, wie die Perfektionsfalle funktioniert, erfahren Sie in diesem Kapitel zunächst etwas über die Ursachen und Einflüsse, die uns dazu bringen, nie mit uns selbst zufrieden zu sein.

Was heißt schon perfekt?

Gibt man bei Amazon das Wort „perfekt" ein, bekommt man mehr als 600 000 Ergebnisse angezeigt. Perfektion ist sehr gefragt und lässt sich ganz ausgezeichnet vermarkten. Mehr als 10 000 deutsche Buchtitel benutzen dieses Wort, viele davon versprechen uns, dass wir mit ihrer Hilfe unser Denken und Handeln optimieren können. Es scheint, dass überhaupt alles perfekt sein müsse. Die Modemagazine präsentieren uns den perfekten Look, in dem wir uns auf die Suche nach dem perfekten Liebhaber machen, den wir mit einem perfekten Dinner bekochen. Haben wir ihn dann gefunden, wollen wir die perfekte Mutter sein und nebenbei auch noch perfekt in unserem Job performen. Natürlich dürfen wir uns zwischendurch auch mal etwas gönnen, einen perfekten Urlaub zum Beispiel – oder wenigstens einen perfekten Abend mit unseren perfekten Freundinnen.

„Perfekt" bedeutet wörtlich „frei von Mängeln, vollkommen".

Aber was heißt eigentlich perfekt? Der Duden sagt: „frei von Mängeln, vollkommen". Weil sich viele Menschen unvollkommen fühlen, greifen sie zu einschneidenden Maßnahmen, um sich zu perfektionieren. Ungefähr 400 000 Deutsche unterziehen sich jedes Jahr einer Schönheitsoperation. Doch auch im Alltag verfallen immer mehr Menschen dem Perfektionswahn. Eine App auf unserem Handy zählt jeden unserer Schritte und jedes Stockwerk, das wir erklommen haben. Die dabei verbrauchte Kalorienmenge können wir dann gegen die Kalorien aufrechnen, die wir zu uns genommen haben und über die natürlich auch Buch geführt wird, schließlich soll nichts unversucht bleiben, damit wir einen perfekten Body bekommen, in dem ein perfekt getaktetes Herz schlägt. Nur ist Perfektion ein Zustand, den die allerwenigsten erreichen, und das auch nur für eine kurze Zeit. Das mühsam antrainierte Sixpack verschwindet nach ein paar Pizzas und einigen Eisbechern ganz schnell und auf Nimmerwiedersehen unter einem gemütlichen kleinen Bäuchlein.

In meiner Praxis erlebe ich fast jeden Tag Menschen, denen die Suche nach der Perfektion zum Verhängnis geworden ist. Sie arbeiten zu viel und leben zu wenig. Ständig auf der Suche nach einem Zustand, von dem sie sich versprechen, dass er sie glücklich macht, verlieren sie sich früher oder später selber aus dem Blick.

Wer sich ständig verbessern will, tut das meist aus einem sehr traurigen Grund: Er fühlt sich so, wie er ist, nicht liebenswert und hofft, das würde sich ändern, wenn er sich ständig optimiert. Das ist ein

Mechanismus, der oft schon in der Kindheit in uns angelegt wurde: Wenn wir in den Augen unserer Eltern etwas Tolles vollbracht hatten, brachten sie ihre Liebe uns gegenüber am deutlichsten zum Ausdruck. Und so versuchen wir ständig, wieder etwas ganz Großartiges zu vollbringen, in der Hoffnung, dafür belohnt zu werden. Auf die Idee, dass wir genau so, wie wir sind, verdammt liebenswert sind, kommen viele nicht.

 Ich muss nicht besser werden, um liebenswert zu sein.

Ein Blick in die Historie

Eine meiner Klientinnen stellte mir einmal seufzend die Frage: „Woran liegt das nur, dass heute jeder Mensch meint, er müsse etwas ganz Besonderes sein?" Historisch betrachtet ist das tatsächlich ein relativ neues Phänomen. Früher – und auch heute noch in manchen Ländern – sahen sich Menschen als Teil einer Gruppe, einer Gemeinschaft. Es war eine Selbstverständlichkeit, dass das Interesse aller über den Interessen des Einzelnen stand, denn allein hat der Mensch kaum eine Überlebenschance: Unsere Vorfahren, die noch in Höhlen lebten, konnten nur im Verband erfolgreich sein. Als der Mensch sesshaft wurde, waren viele Hände nötig, um die Feldarbeit zu erledigen. Die Familie war darüber hinaus das einzige soziale Netz, das es gab und das einen auffing, wenn man krank oder zu alt war, um für sich selbst zu sorgen.

Das Zeitalter des Individualismus begann erst am Ende des 18. Jahrhunderts. Während mit der Erfindung der Dampfmaschine die Weichen für die industrielle Revolution gestellt wurden, machten sich Philosophen wie Immanuel Kant Gedanken über das Individuum und seine Rechte. Ab dieser Zeit wurden sich immer mehr Menschen ihrer Einzigartigkeit bewusst.

Geprotzt und geprunkt wurde natürlich zu allen Zeiten, doch in früheren Zeiten war das ein Privileg einer winzigen adligen Oberschicht. Im 19. Jahrhundert, als sich das Bürgertum entwickelte und zu Wohlstand gelangte, wollte man es dem Adel gleichtun. Das war die Geburtsstunde der Snobs: Der Begriff leitet sich ab von lateinisch „sine nobilitate", ohne Adelstitel. Es war die Stunde der Dandys und Stutzer, die, nicht ganz unähnlich den Hipstern heute, sehr viel Wert auf ihr Äußeres legten und vor allem eines wollten: auffallen. Doch das konnten sich immer noch nur die wenigsten leisten. Der allergrößte Teil der Bevölkerung hatte damals ganz andere Sorgen, als aufzufallen: Wer 70 Stunden in der Fabrik arbeitet und kaum etwas verdient, hat anderes im Kopf als Selbstverwirklichung.

Perfektionismus ist ein relativ neues Phänomen.

Der moderne Mensch im Perfektionswahn

Wenn man einem Fabrikarbeiter vor 150 Jahren erzählt hätte, welche Probleme seine Nachfahren heute haben, wäre er aus dem Staunen kaum herausgekommen. Was wir auch unternehmen: Gut ist nicht gut genug, es muss immer noch besser werden. Kaum sind wir im Job befördert worden, beschleicht uns das ungute Gefühl, nicht gut genug für die neuen Herausforderungen zu sein und die neue Position wieder zu verlieren – oder wir denken schon über den nächsten Karriereschritt nach. Schaffen wir beim Joggen eine neue Rekordzeit, überlegen wir schon, wie wir die wohl noch übertreffen können. Und wenn wir uns für all unsere Mühen mal belohnen wollen, dann mit einem Urlaub, der aber so was von perfekt ist, dass es nur so kracht.

Wir sind beseelt von dem Gedanken, dass in unserem Leben immer alles größer, schöner und besser sein muss, schon damit wir uns aus der Masse der anderen herausheben. Dieses Streben hat in den letzten Jahren immer mehr zugenommen, besonders seit es die sozialen Netzwerke gibt. Denn dort kann man immer alles vergleichen, bis hin zum Mittagessen. Da wird dann womöglich nicht das Gericht ausgesucht, auf das man Lust hat, sondern etwas, das auf Facebook gut aussieht. Einmal gestand mir eine Klientin, dass sie im Café immer einen großen Eisbecher oder ein dickes Stück Kuchen bestellt, um sich damit abzulichten, und wenn das Foto gepostet ist, reicht sie die Kalorienbombe weiter an ihre Freundinnen.

Alles, was wir tun, soll möglichst einzigartig sein. Hat man dann tatsächlich durch monatelanges Hungern und pausenlose Work-outs die gewünschte Figur, geht es an die nächsten Veränderungen. Als Zeichen der Individualität lässt man sich ein Tattoo stechen, dann noch eins und noch eins. Dabei entsteht inzwischen der Eindruck, dass Menschen ohne Tattoo mittlerweile viel einzigartiger sind. Denn irgendwann werden die Symbole der Individualität zur Uniform, etwa die sündhaft teuren, mit Löchern übersäten Jeans, die aber aussehen, als hätte sie jemand aus der Altkleidersammlung gefischt. Medien und Industrie gaukeln uns vor, wir wären Individualisten, wenn wir nur das richtige Auto fahren, die richtigen

Sachen tragen und an den richtigen Orten Urlaub machen – so wie all die anderen Individualisten auch.

Dabei ist jeder von uns von Geburt an einzigartig und perfekt! Doch egal was wir unternehmen, wir wollen uns immer wieder übertreffen und die anderen am besten gleich mit. Eine Klientin erzählte mir einmal folgende Geschichte: Seit ihrer Studienzeit traf sie sich regelmäßig mit drei Freundinnen, man lud sich einmal im Monat gegenseitig nach Hause ein. Doch meine Klientin meinte, sie könne sich diese Freundschaften bald nicht mehr leisten: Früher gab es bei ihren Treffen immer Salzstangen und Prosecco, inzwischen wurde aber von der Gastgeberin erwartet, dass sie Champagner und erlesene Leckerbissen auftrug. Als meine Klientin mal wie früher Salzstangen und Prosecco besorgte, fanden die Freundinnen das überhaupt nicht lustig. Außerdem bot der Umstand, dass meine Klientin nach zehn Jahren im Job immer noch in einer eher bescheidenen Wohnung lebte, immer wieder Anlass zu spitzen Bemerkungen. Sie selbst fühlte sich rundum wohl in ihrem Zuhause, doch geht eine solche Kritik an den wenigsten spurlos vorüber.

Weniger Perfektionismus bedeutet mehr Lebensfreude!

Nachdem wir ausführlich darüber diskutiert hatten, entschloss sie sich, ihren Freundinnen zu sagen, sie wären in ihrer kleinen Wohnung immer willkommen, solange sie sich dort bei Prosecco und Salzstangen wohlfühlten – und siehe da, die Stimmung drehte sich. Auf einmal musste es kein Champagner mehr sein, und die Treffen wurden für alle entspannter.

Der perfekte Wunsch – ein Märchen aus dem Morgenland

Eines Tages fand ein Mann bei einem Spaziergang am Meer zwischen Treibholz eine alte, merkwürdig geformte Flasche, die gänzlich von Korallen überwuchert war. Er befreite sie von ihrem Panzer und rieb an ihrer goldschimmernden Oberfläche. Da entwich ihr mit einem lauten Zischen ein Geist, der sich artig bei dem Mann bedankte und erzählte, er sei ein Prinz, der vor Kurzem von einem Magier in dieser Flasche gefangen gesetzt worden sei. Für seine Befreiung wollte er dem Mann jetzt einen Wunsch erfüllen.

Der Mann wusste nicht, ob er lachen oder weinen sollte, schließlich weiß man, dass einem für die Befreiung von Flaschengeistern eigentlich die Erfüllung von drei Wünschen zusteht. Der Geist konnte Gedanken lesen und erklärte dem Mann, dass er nur eine kurze Gefangenschaft durchgemacht habe und dass es dafür nur einen Wunsch gebe. Der Mann sah, dass es keinen Zweck hatte zu verhandeln. Nur – was sollte er mit dem einen Wunsch anfangen? Er wünschte sich gesund zu bleiben, wollte so glücklich werden wie möglich, vielleicht auch berühmt, aber das Allerwichtigste war ihm, geliebt zu werden, und ein großer Batzen Gold wäre auch nicht verkehrt. Aber wie das alles in einen Wunsch verpacken? Der Mann überlegte und überlegte, und der Geist wurde allmählich ungeduldig. Da sagte der Mann: „Lieber Geist, mach mich zu einem perfekten Menschen!"

Der Geist brach in schallendes Gelächter aus. Als er sich endlich wieder beruhigt hatte, klopfte er dem Mann auf die Schulter. „Leichter konntest du es mir nicht machen, denn du bist längst perfekt."

„Ich – perfekt?", protestierte der Mann. „So billig lasse ich dich nicht um den Lohn für deine Rettung kommen! Sieh mich doch an, ich ziehe mein rechtes Bein nach, mit einem Auge schiele ich!"

Wieder brach der Geist in dröhnendes Lachen aus. „Sag, hat dein hinkendes Bein dich nicht an diesen wunderbaren Ort gebracht?" Der Mann nickte. „Und kannst du mit deinem schielenden Auge die Sonne sehen, wie sie gerade im Meer versinkt?" Der Mann nickte wieder. „Und du willst behaupten, nicht perfekt zu sein? Jedes lebende Wesen ist perfekt."

Starkult – einmal schnell berühmt werden

„In der Zukunft wird jeder weltberühmt sein – für 15 Minuten." Besser als mit dem Zitat von Andy Warhol lässt sich das Medienphänomen der Jetztzeit kaum beschreiben. Die modernen Medien bieten heute jedem, der sich einer breiten Öffentlichkeit präsentieren möchte, ein weltweites Forum. Im klassischen Fernsehen kann man seine Einzigartigkeit in einer stets wachsenden Zahl von Formaten zur Schau stellen. Wer meint, singen zu können, bewirbt sich bei einer Castingshow, wer sich für einen verkappten Sternekoch hält, dem stehen die Kochshows offen, wer über keine besonderen Talente verfügt, kann sich bei einer Kuppelshow versuchen oder alten Krempel aus Uromas Nachlass einem mehr oder weniger geneigten Publikum präsentieren.

Und wenn man bei all den TV-Formaten nicht die passende Nische für sich findet, klappt es im Internet garantiert: Man kann einen eigenen YouTube-Kanal eröffnen und der Internetgemeinde seine Schnäppchen aus dem Schlussverkauf oder sein Erdbeereis aus dem Thermomix vorführen oder auf Facebook das perfekte romantische Abendessen präsentieren, während man auf Instagram zeigt, wie man sich abschuftet, damit der perfekte Body noch ein kleines bisschen perfekter wird.

Viele meiner Klienten haben sich ganz aus den sozialen Medien zurückgezogen, weil sie sagen, das aufregende Leben der anderen zu sehen mache sie unzufrieden mit dem eigenen. Sie fühlen sich im Vergleich wertlos, hässlich oder einfach nur langweilig. Merkwürdigerweise hinterfragt aber niemand, was da eigentlich präsentiert wird. Es ist ja immer nur ein klitzekleiner Ausschnitt aus dem Leben: Von dem zu Schwermut neigenden Miesepeter findet man bei Facebook nur fröhliche Fotos, wer einmal in der Woche etwas Schönes kocht und ein Bild davon postet, unterschlägt der Internetgemeinde die drei Tiefkühlpizzas, die er zwischendurch vertilgt hat, wer schicke Bilder aus der Muckibude versendet, verbringt vielleicht tatsächlich viel mehr Zeit auf dem Sofa als dort – nur werden davon natürlich keine Bilder gemacht. In der Welt der digitalen Medien gilt also: mehr Schein als Sein.

 Man darf sich nicht vom schönen Schein blenden lassen.

Perfektion – ein Schrei nach Liebe?

Es gibt Menschen, die vollbringen Unglaubliches, um sich zu perfektionieren. Sie malträtieren ihren Körper über jede vernünftige Grenze hinaus. Sie schinden sich beim Sport, sie arbeiten bis zum Umfallen, sie legen sich beim Schönheitschirurgen unter das Skalpell und riskieren ihre Gesundheit. Und warum das alles? Sie wollen Anerkennung, sie wünschen sich den Applaus ihrer Umgebung und gieren nach Komplimenten. Oft spielt dabei ein geringes Selbstwertgefühl die entscheidende Rolle. Sie erhoffen sich von außen die Anerkennung, die sie sich selbst nicht geben können.

Natürlich ist das Feedback unserer Umwelt wichtig, um uns ein Bild von uns selbst zu machen und auch überprüfen zu können. Doch wenn Menschen uns immer nur Bestätigung geben, wenn wir etwas Außergewöhnliches vollbracht haben, wenn wir bis an unsere Grenzen oder darüber hinaus gegangen sind, dann läuft etwas schief. Darum sollten wir daran arbeiten, uns selbst anzuerkennen und zu akzeptieren – so wie wir sind, und nicht so, wie wir glauben, dass andere uns gerne hätten. Wie das geht, erfahren Sie im zweiten Hauptkapitel.

Der perfekte Kandidat

Es ist schon eine Weile her, als ein Mann „in den besten Jahren" mir seine Geschichte erzählte. Er hatte lange als freier Grafikdesigner gearbeitet, doch die Auftragslage ließ zu wünschen übrig, und er hatte es auch ein wenig satt, immer als Einzelkämpfer unterwegs zu sein. Lieber wollte er wieder zu einer festen Mannschaft gehören. Daher hatte er sich auf eine Stellenanzeige beworben. Der ausgeschriebene Job war recht anspruchsvoll: Es waren nicht nur seine kreativen Fähigkeiten gefragt, er sollte auch über Managementqualitäten verfügen und viele unterschiedliche Aufträge schnell abwickeln können. Kurz und gut, der neue Job stellte hohe Anforderungen. Obwohl mein Klient schon über 40 war, was in seiner Branche nicht mehr jung ist, wurde er eingestellt.

Doch die Freude über das feste Arbeitsverhältnis währte nur kurz. Schnell erfuhr er, was sich hinter Floskeln wie „Wir erwarten einen überdurchschnittlichen Einsatz" verbarg, nämlich, dass er seine Abende und möglichst auch Wochenenden opferte, und zwar unbezahlt. Als er in der Firma anfing, trennte man sich gleich von zwei anderen Mitarbeitern, deren Aufgaben er mit übernehmen sollte. Im Einstellungsgespräch hatte er auf Nachfrage versichert, belastbar zu sein, doch wie belastbar er tatsächlich sein musste, hatte er nicht geahnt. Der neue Chef schaute schon sehr kritisch, wenn mein Klient mal an einem Abend vor 20 Uhr seinen Schreibtisch räumte.

Meinem Klienten kamen erste Zweifel an seiner Entscheidung. Doch zurück in seine alte Tätigkeit konnte er auch nicht. Die Kunden, die er als freier Grafiker betreut hatte, arbeiteten längst mit anderen Freelancern zusammen. Und so setzte er alles daran, sich durchzubeißen. Tag für Tag versuchte er den hohen Anforderungen, die an ihn gestellt wurden, gerecht zu werden. Wenn es trotz höchstem Einsatz terminlich eng wurde, machte er sich schwere Vorwürfe. Und so setzten bei ihm schon vor Ablauf der Probezeit Panikattacken ein, nachts schlief er kaum, und an besonders stressigen Tagen wurde er auch noch von Magenkrämpfen heimgesucht.

Als er zu mir kam, versuchten wir zunächst einmal herauszufinden, warum er auf der Arbeit alles mit sich machen ließ. Dabei fanden wir heraus, dass es nicht nur die Angst um den neuen Job war, die ihn dazu trieb, ständig mehr zu arbeiten, als eigentlich vertretbar war. Es war vor allem der Wunsch nach Anerkennung. Denn die hatte er als Freiberufler oft vermisst. Er wollte dazugehören und, wie er es nannte, eine „feste Größe" sein. Deshalb schien es ihm unmöglich, Nein zu sagen.

Wir arbeiteten zunächst daran, dass er sich selbst die Anerkennung gab, die er sich von anderen wünschte, einfach, indem er sich nach einer bewältigten Aufgabe selber lobte: „Das hast du gut gemacht!" So gewann mein Klient mit der Zeit deutlich mehr Selbstvertrauen, um endlich seinem Chef zu sagen, dass es so nicht weitergehen könne. Und der machte ihm auch nicht die geringsten Vorwürfe, sondern sorgte dafür, dass er entlastet wurde.

Wer sich nach Anerkennung von anderen sehnt, ist leicht korrumpierbar und tut Dinge, die anderen nicht im Traum einfallen würden – zum Beispiel sich für den Arbeitgeber krank zu arbeiten. Ich erlebe sehr oft, dass sich Klienten zu sehr über ihren Job definieren – was ja erst einmal nicht schlecht ist. Denn wenn man den Job zum „Hobby" macht, weil er voll und ganz den eigenen Talenten und Interessen entspricht, dann ist das das Schönste, was man sich vorstellen kann. Wenn man allerdings den Erfolg braucht und Chefs und Kollegen und Teamleiter, die einen immer wieder bestätigen, dann ist das ein Problem. Dann kann man in eine gefährliche Schieflage geraten. Gefährlich, weil man sich so der subjektiven Sichtweise der anderen ausliefert, anstatt in sich ein Fundament zu tragen: „Ich weiß, was ich kann, und ich gebe das, was ich geben kann. Ich bin nicht fehlerfrei, und das ist okay."

In manchen Branchen werden Mitarbeiter regelrecht ausgebeutet. Viele Menschen machen heute „All-nighters", sie arbeiten die Nacht komplett durch. Und viele sind – leider – auch noch stolz darauf. Sie bleiben bei einer Firma, für die sie sich psychisch und physisch ruinieren. Manche kommen mir vor wie kleine Eselchen, die von ihren Vorgesetzten mit einer Möhre mit der Aufschrift „Aufstiegschance" immer weitergetrieben werden. Doch dann, nach Jahren und Jahrzehnten, in denen man alles gegeben hat, ist die Möhre auf einmal verschwunden. Ich muss dabei an das Buch „Farm der Tiere" von George Orwell denken, wo das Pferd, das sich jahrelang aufgeopfert hat, eines Tages vom Abdecker geholt wird.

Nicht viel besser ergeht es langjährigen Mitarbeitern in manchen Unternehmen. Sind sie einmal länger krank, werden sie gefragt, ob sie sich ihrer Herausforderung noch gewachsen fühlen. Sollten sie tatsächlich noch für eine höhere Aufgabe in Betracht kommen, müssen sie sich in einem Assessmentcenter auf Herz und Nieren prüfen lassen, ob sie denn auch tatsächlich geeignet sind.

 Wer nach Perfektion strebt, wird leicht von anderen ausgenutzt.

Statussymbole sind keine Lösung

Die Medien predigen uns, dass wir alle unser bestes „Ich" sein sollen, unverwechselbare Individualisten vom Scheitel bis zur Designerschuhsohle. Erst dann ist man als Mensch etwas wert und darf sich wohlfühlen. Viele glauben, das Zurschaustellen von Statussymbolen wäre ein ultimatives Zeichen von Individualismus. Wie „einzigartig" uns das tatsächlich werden lässt, zeigt ein Blick in eine x-beliebige Fußgängerzone: Wie viele Frauen laufen da mit exakt der gleichen It-Bag herum, wie viele Männer schauen ihnen durch die gleiche Designerbrille hinterher? Nein, Statussymbole machen uns nicht zu Individualisten, es ist genau umgekehrt, denn wahre Perfektion ist nie erreichbar. Die begehrte Handtasche wird schon in der nächsten Saison nicht mehr en vogue sein, außerdem gibt es eine Reihe von Taschen, die noch begehrenswerter sind und noch teurer.

Die Trauben hängen immer ein bisschen höher. Egal wie wir uns strecken, wir werden sie nicht erreichen und unzufrieden bleiben.

Je mehr wir nach fernen Zielen streben, desto weiter entfernen wir uns von uns selbst. Es sind nicht irgendwelche Accessoires, die uns zu besonderen Menschen machen, sondern das, was wir tatsächlich sind. Und darüber entscheiden nicht die Dinge, mit denen wir uns ausstaffieren, sondern unser Charakter, denn der macht uns tatsächlich einzigartig.

Der Drang nach Individualität hat dazu geführt, dass zahllose Menschen immer mehr vereinzeln und vereinsamen. Während wir versuchen, perfekt zu werden, damit andere uns gut finden, verlieren wir unser Inneres und uns selbst aus den Augen. Die anderen haben Dinge, die wir uns auch wünschen, aber nicht erreichen können, und so werden wir noch unzufriedener. So setzt sich ein Kreislauf in Gang, der uns immer tiefer nach unten führt und Auswirkungen auf Körper und Seele haben kann.

Falsches Individualitätsstreben kann sehr einsam machen.

Vom Familienalbum zum Selfiewahn

Durch nichts lässt sich die Übersteigerung des Individualitätsgedankens besser belegen als durch den Drang zahlloser Menschen, sich in jeder Lebenslage selbst abzulichten. Man liest sogar von Leuten, denen ein Selfie zum tödlichen Verhängnis geworden ist: Für ein besonders spektakuläres Bild sind sie einen Schritt zu nah an den Abgrund getreten oder haben sich auf andere Art und Weise in Lebensgefahr gebracht.

Aber auch das Elend anderer Menschen wird von gewissenlosen Zeitgenossen gerne als Staffage für ein Foto genommen. Unfallhelfer müssen immer öfter erleben, dass sich Schaulustige nicht mehr bloß mit dem Gaffen begnügen, sie machen auch noch ein Bild, auf dem sie mit dem Opfer oder wenigstens mit dem Autowrack zu sehen sind. Und das Ganze wird dann in den sozialen Medien gepostet, auf Facebook, Snapchat und Instagram.

Früher fotografierte man sich nur in den seltensten Fällen selbst. Wer alte Fotoalben durchstöbert, findet zu über 90 Prozent Aufnahmen der anderen: des Partners, der Familie, von Freunden. Heute dürfte das Verhältnis beinahe umgekehrt sein. Und das Bild, das man von sich macht, muss natürlich perfekt sein – zum Glück gibt es eine große Auswahl an digitalen Tools, mit deren Hilfe man ein stark idealisiertes Bild von sich anfertigen kann, das mit der Realität nicht mehr viel zu tun hat.

In einer zunehmend digitalisierten Welt ist nichts, wie es scheint – auch nicht im Privatleben.

Die perfekten Kinder

Und dann sind da noch unsere Eltern, die sich perfekte Kinder gewünscht haben. Sicher nicht mit den schlechtesten Hintergedanken. Aber oft projizieren Eltern die Dinge, die sie selbst nicht erreicht haben, auf ihre Kinder. Wenn der Vater nicht die perfekte Karriere hingelegt hat, dann soll es dafür der Sohnemann schaffen. Wenn die Mutter nicht die perfekte Klavierspielerin war, dann muss die Tochter das eben hinkriegen. Viele Eltern wollen ihre Kinder am liebsten noch ein ganzes Stück perfekter haben, als sie selbst jemals waren oder sein konnten.

Eine meiner Klientinnen verbrachte ihre halbe Kindheit mit ihrer Mutter auf dem Tennisplatz, als gerade Steffi Graf und Boris Becker ihre Triumphe feierten. Damals kamen nicht wenige Eltern auf die Idee, aus ihren Kindern berühmte Tennisstars zu formen, und die Mutter meiner Klientin war besonders beseelt von diesem Gedanken. Wenn das Mädchen von der Schule kam, ging es sofort auf den Platz. Und wenn sie etwas anderes machen wollte, gab es Vorhaltungen, weil man doch so viel in die teuren Trainerstunden investierte. Die Mutter selbst war eine eher schlechte Spielerin, ihrer Tochter aber sah sie keine Fehler nach. Das ging soweit, dass das arme Mädchen sich absichtlich mit dem Fahrrad hinfallen ließ, in der Hoffnung, sich einen Arm zu brechen und nicht mehr trainieren zu müssen.

Nach ein paar Jahren war klar, dass aus der Tochter zwar eine passable Spielerin, aber nie ein großer Star werden würde. Das Training wurde abgebrochen, und nun musste sich das Mädchen immer wieder anhören, wie sehr sie die Mutter enttäuscht hatte. Meine Klientin war eine exzellente Schülerin, schloss ihr Studium mit Auszeichnung ab und erarbeitete sich eine Spitzenstellung in einem großen Konzern, doch ihre Mutter war immer noch kein bisschen stolz auf sie. Immerhin hatte die Tochter daraus gelernt: Ihre eigenen Kinder sollen das tun, was ihnen Spaß macht – was keine Selbstverständlichkeit ist.

Ich kenne mehrere Fälle von Müttern, die den Klavierunterricht gehasst haben und trotzdem wollten, dass ihre Töchter kleine

Virtuosinnen am Flügel wurden, ganz egal ob sie Spaß daran hatten oder nicht. Wenn man Mütter fragt, warum sie sich so verhalten, kommt meist wie aus der Pistole geschossen: „Ich will nur das Beste für mein Kind." Jeden Tag sitzen in meiner Praxis Menschen, deren Eltern der Meinung waren, sie wüssten, was das Beste für ihr Kind ist, und die bis heute darunter zu leiden haben, weil ihre Entwicklung nicht nach ihren tatsächlichen Talenten und Neigungen ausgerichtet war, sondern nach den Wünschen ihrer Eltern. Ich versuche sie dabei zu unterstützen, es bei ihren Kindern anders zu machen.

 Für Kinder ist das Perfektionsstreben ihrer Eltern eine Hypothek.

Generation Lebenslauf – nur gut auf dem Papier

Unter kaum etwas können Menschen so sehr leiden wie unter dem falschen Job. Er lässt sie am Abend nicht einschlafen oder reißt sie mitten in der Nacht aus dem Schlaf. Wenn Klienten mit Schlafstörungen, Entfremdungsgefühlen, Angstzuständen oder psychosomatischen Beschwerden zu mir kommen, mache ich mir gleich am Anfang ein Bild von ihrem Leben und frage sie nach ihrem Privatleben und ihrem Job. Nicht selten bleiben wir beim Job hängen. Den meisten ist durchaus bewusst, was ihre Symptome auslöst und wo etwas schiefläuft. Trotzdem tun sich viele Menschen schwer damit, daran etwas zu ändern, denn schließlich will jeder den perfekten Lebenslauf haben.

Jüngst kam eine Klientin in meine Praxis, augenscheinlich sehr angeschlagen. Schnell stellte sich heraus, dass sie der Job, die Kollegen, der Chef fertigmachten. Auf meine Frage hin, ob sie vielleicht schon mit dem Gedanken gespielt hätte, den Job zu wechseln, wurde sie panisch. Sie sei ja erst seit sechs Monaten da, und wenn sie jetzt kündige, wie sähe das in ihrem Lebenslauf aus?

Vielen Studenten wird schon an der Uni eingetrichtert, bloß niemals vom geraden Karriereweg abzuweichen, weil das unweigerlich ins Abseits führe: Wer einen guten Job freiwillig aufgibt, wird nie wieder einen anderen tollen Job finden, sondern den Rest seines Berufslebens in einer Abwärtsspirale gefangen sein. Wenn der Arbeitgeber also Forderungen stellt, werden sie ohne Murren erfüllt.

Ich hatte ein Paar bei mir in der Therapie, dessen Beziehung vom Job des Mannes vollkommen ruiniert worden war. Gerade hatte man sich in München häuslich eingerichtet und machte sich Gedanken um die Familienplanung, da wurde er für ein Jahr nach Kiew abkommandiert. Die Chance einer Auslandserfahrung wollte er sich nicht entgehen lassen, daher sahen sich die beiden nur noch jedes zweite Wochenende. Kaum war er zurück, kam der Ruf nach Singapur. Dem Mann war klar, dass er damit seine Beziehung aufs Spiel setzte: Immerhin war auch seine Frau erfolgreich in ihrem Job, und den aufzugeben, um in Südostasien das Haus zu hüten, war für sie keine Alternative. Der Arbeitgeber hatte für solche Überlegungen allerdings kein Verständnis. Man machte dem Mann unmissverständlich klar, dass es mit seiner Karriere vorbei wäre, würde er diese „Chance" nicht nutzen. Manchmal müssen die Dinge erst noch schlimmer werden, bevor alles gut wird. So gab er zunächst einmal nach und ging nach Asien.

Ich zitiere in solchen Fällen gerne die Bremer Stadtmusikanten: „Etwas Besseres als den Tod finden wir überall." Doch für den perfekten Lebenslauf sind viele bereit, so ziemlich jedes Opfer zu bringen. Wenn man jedoch sterbenskranke Menschen am Ende ihres Lebens befragt, was sie im Leben am meisten bereuen, dann weint niemand einer vergebenen Karrierechance nach, sondern es sind oft die Versäumnisse im Zwischenmenschlichen, die bedauert werden. Wenn es ans Sterben geht, denkt niemand mehr an den Job, denn kein Job der Welt ist es wert, dass man dafür sein ganzes Leben opfert. Daher sollten wir lernen, mehr an uns selbst zu denken und an die Menschen, die uns wichtig sind, und unser Leben so gestalten, wie wir es für richtig halten.

Kaum war mein Klient in Asien angekommen, wurde ihm klar, was für einen Fehler er gemacht hatte. Er meldete sich gleich bei mir und wir setzten unsere Gespräche über Skype fort. Seine Ehe stand inzwischen auf der Kippe. In unseren Stunden wurde ihm klar, dass die Partnerschaft über allem stehen sollte. Die Arbeit konnte ihm nicht das geben, was ihm seine Frau geben konnte. Er lernte, sich und seine Wünsche mehr zu erkennen und dafür mutiger einzustehen: „Es ist mein Leben, und ich werde es wieder so leben, wie es mir guttut." Und so kündigte er seinen Job, ohne zunächst etwas Neues zu haben. Nach der Rückkehr fand er jedoch eine Stelle, zwar nicht mit ganz so glänzenden Karrierechancen, dafür hatte er aber bedeutend mehr Freizeit – ein Umstand, der ihn und seine Beziehung nochmal richtig aufblühen ließ.

Vor einer Weile wurde in den sozialen Medien fleißig ein Auszug aus einem Bewerbungsgespräch geteilt: „Da ist eine Lücke von einem Jahr in Ihrer Vita." – „Ja, war geil." Genau das ist der Spirit: Wenn man sich die Karrieren mancher sehr erfolgreicher Menschen ansieht, entdeckt man darin durchaus einige interessante Brüche – ein blütenweißer Lebenslauf muss gar nicht sein, im Gegenteil, ein „Rückschritt" im Job kann sogar ein Fortschritt sein. Ein Mann, der zu mir gekommen war, weil er immer 120 Prozent gab und schon kaum mehr schlafen konnte, hängte seinen Job schließlich an den Nagel. Nachdem ich ihn eine Weile nicht gesehen hatte, stand er eines Tages strahlend in meiner Praxis: „Frau Feller, ich mache jetzt Karriere als Mensch." Er hatte eine Schule für Blindenhunde eröffnet, verdiente viel weniger als früher, kam damit aber besser aus als zuvor: Solange er rund um die Uhr geschuftet hatte, musste er sich ständig belohnen und gab immense Summen für teure Kleidung und kostspielige Weine aus. „Jetzt", sagte er, „ist die Aufgabe, die ich habe, Belohnung genug."

Ein Schritt zurück kann einen großen Sprung nach vorn bedeuten.

Karriereturbo – höher, schneller, weiter

Viele Kinder werden bereits auf der Vorschule für ihre weitere Laufbahn fit gemacht – damit sie in der Grundschule glänzen und einen Platz auf dem Gymnasium ergattern. Dort müssen die richtigen Noten her, die den Weg zu einem aussichtsreichen Studiengang ebnen.

Ohne Zweifel, Bildung ist wichtig. Leider verhält es sich heute so, dass man mit einem Mittelschulabschluss oder gar ganz ohne Schulabschluss herzlich wenig Berufe zur Auswahl hat. Eltern impfen ihren Kindern daher frühzeitig ein, sich voll auf ihr Vorankommen zu konzentrieren, und im Laufe der Jahre machen sich viele Kinder diesen Wunsch ganz zu eigen und entwickeln einen großen Ehrgeiz darin, den bestmöglichen Abschluss zu schaffen. Was Eltern und Kinder jedoch oft außer Acht lassen, ist die Frage, wofür ein Mensch überhaupt talentiert ist. Ich kenne viele Familien, in denen nicht darüber nachgedacht wird, ob denn die Ausbildung oder der angestrebte Beruf überhaupt zu der Person passt. Und dann wird es verdammt anstrengend.

Ein gutes Beispiel sind Ärztefamilien, da gibt es richtige Familiendynastien, in denen schon der Urgroßvater, der Großvater und der Vater Chirurg waren. Also muss auch der Sohn Chirurg werden, selbst wenn er nicht gerne Blut sieht und zwei linke Hände hat. Wenn ein Familienunternehmen in der dritten oder vierten Generation weitergeführt werden soll, kann ich dem Gedanken zum Teil noch folgen, aber warum muss jemand Bäuche aufschneiden, nur weil Opa auch schon damit sein Geld verdient hat?

Darum sollten sich Eltern zunächst immer fragen, wo die Talente des Kindes liegen und was ihm Freude bereiten könnte. Und muss es überhaupt ein Hochschulstudium sein? Einer der zufriedensten Menschen, den ich kenne, ist Schreiner. Weil er seinen Beruf liebt und es ihm Freude macht, mit seinen Händen etwas zu schaffen, lassen die Menschen gern ihre Möbel von ihm anfertigen. Und so verdient er auch noch besser als so mancher Universitätsabsolvent.

Leider lassen sich viele Menschen bei der Berufswahl von ihrem Umfeld unter Druck setzen. Ich erlebe immer wieder, dass Klienten eigentlich ganz zufrieden sind mit ihrem Job, sich aber beispielsweise bei einem Klassentreffen als totale Loser fühlen, weil sie nicht eine solch brillante Karriere hingelegt haben, nicht so einen tollen Firmenwagen fahren und nicht für ihren Arbeitgeber um die halbe Welt jetten. Diesen Menschen kann ich nur raten: Weniger ist mehr, gerade in Sachen Karriere! Selbst das fantastischste Gehalt und der fetteste Bonus sind es nicht wert, dafür seine Gesundheit und sein Leben zu ruinieren.

Weniger ist mehr, gerade in Sachen Karriere.

Essen als Zeichen eines Ungleichgewichts

Einmal kam eine sehr aufgewühlte Frau zu einem Ersttermin in meine Praxis. Auf meine Frage, was sie denn so aus der Fassung brächte, antwortete sie: „Dieser verdammte Scheißkeks. Da lag er auf einmal neben meinem Mandelmilchcappuccino, und im nächsten Moment, schwupp, war er in meinem Mund verschwunden. Dieser verdammte Keks hat mir meinen Tag, ach was, die ganze Woche versaut, ich könnte jetzt noch kotzen, wenn ich an diesen Keks denke. Sie müssen nämlich wissen, ich ernähre mich sehr bewusst, ich nehme nur Sachen zu mir, die meinem Körper guttun. Und in so einem Keks, da ist doch ein ganzer Berg Zucker und wahrscheinlich noch viele andere ungesunde Sachen drin. Vor dem Schlafengehen gehe ich immer noch mal durch, was ich an dem Tag gegessen habe, und schaue, ob ich auch keine Unterversorgung habe. Magnesium ist so ein Handicap bei mir, ich bekomme schon mal Krämpfe, gerade nachts, also versuche ich immer darauf zu achten, dass ich regelmäßig Kürbiskerne und ab und an ein paar Cashews esse, da ist nämlich reichlich davon drin. Wer mich von früher kennt, würde sich wahrscheinlich wundern. Mir dreht sich noch heute der Magen um, wenn ich daran denke, was ich während meines Studiums so in mich reingestopft habe: Tiefkühlpizzas, Kartoffelchips und Tütensäfte!"

Es gibt immer ein Zuviel des Guten, auch was gesunde Ernährung angeht. Tatsächlich spricht man heute schon von einem Krankheitsbild mit dem Namen Orthorexia nervosa, das man auf Menschen münzt, die sich übermäßig viele Gedanken über ihre Ernährung und die Qualität ihrer Lebensmittel machen, was durch die selbst auferlegten Regeln zu psychischen und physischen Beeinträchtigungen führen kann. Geprägt wurde der Ausdruck von dem Mediziner Steven Bratman, von dem das Buch „Health Food Junkies" stammt. Ich habe schon einige Klienten erlebt, deren Gedanken nur um ihre Ernährung kreisen.

Dass Menschen, die sich gesund ernähren, Junkies sein sollen, klingt natürlich zunächst einmal paradox. Doch wenn sich alles nur noch auf einen Gedanken konzentriert und das restliche Leben dabei auf der Strecke bleibt, dann trifft der Ausdruck die Sache sehr gut. Ähnlich wie für den Junkie gibt es auch für den krankhaften Ernährungsoptimierer Einstiegsdrogen: Es fängt oft damit an, dass sich jemand entschließt, nur noch Produkte aus Bioanbau zu essen. Dann verschwinden Nahrungsmittel, die Gluten, Lactose und andere unter Verdacht stehende Bestandteile enthalten, vom Speisezettel, ganz egal, ob man eine Intoleranz dagegen hat oder nicht. Früher oder später werden alle tierischen Lebensmittel vom Speiseplan gestrichen, und ganz zum Schluss wird nur noch gegessen, was die Natur freiwillig hergibt, in Form von Früchten und Samen, die man zu sich nehmen kann, ohne dass eine Pflanze dadurch Schaden nimmt. Diese Form der Ernährung geht früher oder später mit Mangelerscheinungen einher und endet damit, dass man anfängt, sich mit synthetischen Nahrungsergänzungsmitteln vollzustopfen.

Es gibt immer ein Zuviel des Guten.

Die Hersteller bieten uns eine kaum überschaubare Menge an Vitaminpräparaten und Nahrungsergänzungsmitteln an, die für eine perfekte Ernährung unverzichtbar sind – angeblich. Tatsächlich nehmen auch die Menschen, die sich nicht ausschließlich von Superfoods ernähren, mit der normalen Nahrung fast alles zu sich, was sie brauchen. Und schaden sich mit den zusätzlich eingeworfenen Präparaten oft mehr, als sie sich nutzen. Längst stehen einige Vitaminpräparate im Verdacht, bestimmte Krebserkrankungen zu befördern: Es gibt viele Theorien, fast täglich kommt eine neue hinzu. Aber woher wissen Wissenschaftler in einem Labor am anderen Ende der Welt, was gut für Sie ist? Wer kann es denn besser wissen als Sie selbst?

Grundsätzlich trifft dieses Extrem nur auf sehr wenige Menschen zu, und selbstverständlich kann ich auch jedem nur raten, wenn der Geldbeutel es zulässt, sich mit Bio-Lebensmitteln zu ernähren. Es spricht auch nichts gegen einen vegetarischen oder veganen Lebensstil, im Gegenteil. Am wichtigsten ist es aber, dass Sie Ihren eigenen Weg finden, der Ihnen guttut. Unser Körper ist mit einem feinen Sensorium ausgestattet, wir haben nur verlernt, es zu nutzen, und hören zu sehr auf die Einflüsterungen der Nahrungsmittelindustrie.

Es ist ganz einfach: Wenn wir beispielsweise ein Vitamindefizit haben, entwickeln wir automatisch Appetit auf einen knackigen Salat oder frisches Obst. Hören Sie also immer auf die eigene Stimme und kaufen Sie Ihre Nahrungsmittel am besten frisch auf dem Markt, laden Sie mal wieder Leute zum Essen ein und genießen

Sie gemeinsam. Und auch wenn wir mal Heißhunger auf Schokolade haben, dürfen wir dem ab und zu mal nachgeben. Es wird Zeit, dass wir wieder auf uns selbst hören, was wirklich gut oder nicht gut für uns ist. Die Antwort steckt in jedem Einzelnen: Wir müssen nur lernen, hinzuhören und darauf einzugehen.

Ernährung ist für viele Menschen zu einem riesengroßen Thema geworden, wie ein Fall aus meiner Praxis zeigt. Die Klientin erzählte mir Folgendes: „Wenn ich in einer Beziehung war, habe ich mich immer fallen gelassen. Als Single war ich jeden Tag beim Fitness, der Kosmetikerin und am Diätmachen sowieso. Hat man dann jemanden gefunden, will man endlich auch mal entspannen. Mit Andreas war das nicht anders. Wir haben es uns richtig schön gemacht, vorm Fernseher gekuschelt, unsere Lieblingsfilme geguckt und dazu Eis und Schokolade gegessen. Das wurde mit der Zeit richtig heftig, da haben wir schon mal an einem Abend eine 300-g-Tafel Schokolade mit Nüssen weggeputzt, und vorher hatten wir ja auch noch gekocht oder eine Pizza bestellt. Kurz und gut, innerhalb eines Jahres hatten wir uns beide einen ganz schönen Ranzen angefressen. Eines Abends im Bett habe ich zum ersten Mal gemerkt, was für eine Wampe mein Adonis mittlerweile hatte, und da rutschte es mir einfach raus: ‚Schatz, du hast bald größere Brüste als ich.' Zuerst lachte er, aber ich habe gemerkt, dass ihn der Spruch ziemlich getroffen hatte. Am nächsten Tag war's vorbei mit den gemütlichen Abenden, er ist jeden Tag ins Fitnessstudio oder auf seine Joggingstrecke. Ein paarmal bin ich mit, aber sein Programm war mir zu heftig. Je dünner er wurde, desto ungemütlicher wurde unsere Beziehung. Pizza und Schokolade gab es nicht mehr, er hat mir das natürlich nicht verboten, aber alleine hat es mir auch keinen Spaß gemacht. Nach einem Dreivierteljahr war er schlanker als zu Beginn unserer Beziehung und hat immer weitergemacht, er ließ sich nicht bremsen. Wir lebten uns auseinander, und irgendwann ist er zu einer anderen gezogen. Die Pointe ist: Kaum war er weg, habe ich wieder das volle Programm durchgezogen, von Detox bis Botox. Jeder hat damals gesagt, dass ich umwerfend aussehe, und dann – so etwas passiert sonst ja nur in der Phantasie – habe ich Andreas mit seiner Neuen zufällig getroffen, und: Er hatte wieder eine Mörderplautze."

Äußerlichkeiten sind immer bloß eine Momentaufnahme.

Das perfekte Dinner

Wenn im Fernsehen gekocht wird, muss es das perfekte Dinner sein – es ist ja auch Fernsehen. Aber alle machen es nach. Früher freute man sich auf die Freunde, mit denen man ein aus der Hand gezaubertes Chili con Carne spachteln konnte und dazu ein paar Flaschen Wein leerte. Heute ist man schon Tage vorher gestresst und zerbricht sich den Kopf, was man alles unternehmen muss, damit das viergängige Menü auch Anklang findet. Je näher der Abend rückt, desto genervter ist man. Kaum stehen die Gäste vor der Tür, stellt man fest, dass das Silberbesteck ein wenig angelaufen ist, und wer in aller Welt schafft es eigentlich, Weingläser ohne hässliche Schlieren blank zu bekommen? Für die Tischdeko braucht man die Zeit, die dann fürs Make-up fehlt. Manche machen geradezu eine Wissenschaft daraus, jeden Gegenstand auf der Tafel exakt auszutarieren. Dann sieht der fertig gedeckte Tisch schon mal aus wie aus dem Katalog eines Geschirrherstellers. Sind die Vorbereitungen einigermaßen über die Bühne gebracht, zittert man sich weiter durch den Abend. Hat man das Süppchen nicht ein wenig zu lau serviert? Sind die Nudeln nicht allzu sehr al dente geraten? Wieso hat der Fisch bloß so viele Gräten, und hätte die Mousse nicht noch viel luftiger sein müssen?

Ein schöner Abend geht definitiv anders. Darum sollte man sich vor der nächsten Essenseinladung daran erinnern, dass man eben kein Drei-Sterne-Restaurant betreibt. Und Gäste, die Tafeln mitbringen, um das Dargebotene zu bewerten, sollte man gleich auf Nimmerwiedersehen vor die Tür setzen. Auch hier gilt es, halblang zu machen: Das Wichtigste an einem Abend mit Freunden sind die Gespräche, und Gäste haben auch viel mehr Freude an dem Abend, wenn ihre Gastgeber entspannt sind. Freizeit bedeutet „freie Zeit", und die sollte der Entspannung dienen und nicht zum Stress ausarten.

 Das Wichtigste an einem Abend mit Freunden sind die Gespräche.

Wer will eigentlich, dass wir perfekt sind?

Es gibt viele Menschen, die ein Interesse daran haben, dass wir unzufrieden sind, ja die sogar von unserer Unzufriedenheit leben. Das sind zunächst einmal Unternehmen, deren Geschäftsmodell auf unserem Optimierungsbedürfnis gründet. Also zum Beispiel die Hersteller von Diät- und Light-Produkten oder die Anbieter von Fitnessgeräten. In ihrer Werbung suggerieren sie uns ein Bild, wie wir aussehen könnten, wenn wir nur ihre Produkte konsumieren. Genauso lebt die Kosmetikindustrie von unserer Unzufriedenheit mit unserem Aussehen. Und natürlich die Institute, die in klinischen Tests nachgewiesen haben, dass die sündhaft teuren Produkte, die uns eine glattere Haut versprechen, auch tatsächlich funktionieren. Und dann sind da noch die Modehersteller, in deren Kleider wir erst nach einer Fastenkur passen (und das nur solange, bis uns der Jojo-Effekt ereilt).

Dabei werden uns so viele Dinge angepriesen, die nicht gut für uns sind – nicht nur von der Werbung, auch von der Gesellschaft. Ein Phänomen ist der Alkohol. Nichts gegen ein gutes Glas Wein oder mal ein Bier, aber in unserer Gesellschaft ist es schwer, das richtige Maß zu halten: Wer nicht oder selten trinkt, gilt oft als Spielverderber. Und: Alkohol macht uns wieder munter, wenn wir eigentlich völlig durch sind.

Am Ende einer anstrengenden Woche ist man eigentlich so geschafft, dass der Körper hocherfreut wäre, wenn man sich einmal richtig ausschlafen würde. Doch man will ja keine Spaßbremse sein und geht auf diese megawichtige Party. Mit viel „Prickelwasser" bringt man sich erst einmal in Stimmung, und weil man auf gar keinen Fall vor Mitternacht gehen darf, pfeift man sich noch den ein oder anderen Wodka Red Bull rein, um länger wach zu bleiben. Am nächsten Morgen gönnt man sich erst einmal eine Dose Cola, mit der man eine Aspirin-Tablette hinunterspült.

Gerade junge, erfolgreiche Menschen, die im Job 70 Stunden und mehr die Woche arbeiten, greifen zu Drogen, um sich aufzuputschen. Es gibt erschreckende Zahlen dazu, wie der Drogenkonsum in den letzten Jahren stetig zunimmt, gerade in den Städten, wo die hippen Start-up-Unternehmen zu Hause sind: Die jungen Leistungsträger brauchen am Wochenende ein bisschen Ekstase, um sich für die Anstrengungen der Woche zu belohnen, feiern sich mit

120 Beats per Minute in Richtung Burn-out und treiben Raubbau an ihrem eigenen Körper.

Andere profitieren von unserem Wunsch nach Perfektionismus.

120 % ist gerade gut genug

In der Sowjetunion gab es einst die „Stachanow-Bewegung", eine Kampagne zur Steigerung der Arbeitsproduktivität. Sie ging auf Alexei Grigorjewitsch Stachanow zurück, einen Bergmann, der 1935 während einer Schicht 102 Tonnen Steinkohle förderte, womit er die gültige Arbeitsnorm um 1457 Prozent übererfüllte. Er wurde als „Held der sozialistischen Arbeit" ausgezeichnet. Die Tragik an der Geschichte: Er starb 40 Jahre später vereinsamt, depressiv und mit einem massiven Alkoholproblem. Das Verrückte ist, dass es lange nach dem Untergang der Sowjetunion auch im Kapitalismus ein Heer von Stachanow-Arbeitern gibt, die ihm nacheifern.

Einer meiner Klienten hatte an sich den Anspruch, immer 120 Prozent Leistung zu bringen: Er meinte, bei dem, was er verdiene, sei das das Mindeste. Nur verausgabte er sich ständig bei dem Versuch, sein selbstgestecktes Ziel zu erreichen, und litt unter stressbedingten Krankheiten – mit dem Ergebnis, dass er irgendwann nicht einmal die 100 Prozent erreichte. Wenn sich jemand ständig überfordert, bringt er immer weniger Leistung, und wer immer über seine Grenzen geht, bleibt bald unter seinen Möglichkeiten.

Erst neulich berichtete mir ein Klient, der für eine internationale Unternehmensberatung arbeitet: „Meine Lieblingsstrecke ist die Extrameile. Ich versuche bei jedem neuen Projekt an meine Leistungsgrenzen zu gehen. Und das wird in der Branche auch von mir erwartet. Wenn ich jetzt noch ein paar Jahre Vollgas gebe, dann kann ich vielleicht zum Partner aufsteigen, dann bin ich ein ‚Master of the Universe‘, so heißt das in dem Buch von Tom Wolfe, ‚Fegefeuer der Eitelkeiten‘. Ich würde gerne wieder mehr lesen, aber dazu fehlt einfach die Zeit. Für eine Turbokarriere muss man bereit sein, Opfer zu bringen, gerade privat. Beziehung ist eher schwierig. Meine letzte Freundin hatte ich über Parship kennengelernt. In ihrem Profil stand, dass sie einen Kerl sucht, der für seinen Job brennt. Da ist sie bei mir ja richtig, dachte ich. Dass ich regelmäßig am Abend und am Wochenende arbeite, war ihr dann wohl ein wenig zu viel Feuer, denn sie hat nach einem halben Jahr Schluss gemacht, dabei hab ich ihr eine teure Uhr geschenkt und Klamotten, Schuhe, Handtaschen. Ich muss auch zugeben, dass mich so eine Beziehung behindert. Da bereitest du eine Pitch-Präsentation vor, bei der es um viele Millionen geht, und sie nervt dich die ganze Zeit mit Whatsapp-Nachrichten: ‚Schatz, was wollen wir am Wochenende Schönes machen?‘ Mein jüngerer Bruder ist für mich ein warnendes Beispiel, mieser Uniabschluss, jetzt hat er einen Job bei der Stadt, 37,5-Stundenwoche, lebt mit seiner Frau und seinen zwei Kindern in einer Minibutze. Wenn wir mal telefonieren, erzählt er mir, wie gern er für die Familie kocht. Wenn ich gut essen will, geh ich ins beste Restaurant der Stadt oder lasse mir was kommen, Kochen ist Zeitverschwendung. Um was zu erreichen im Leben, braucht man einen eng getakteten Kalender. Wer ganz an die Spitze will, darf keine Pausen einlegen. Verschnaufen kann ich mit 50.“ Tatsächlich war er schon lange vorher am Ende. Das war auch der Grund für seinen Besuch bei mir. Nachdem ich seinen Vortrag angehört hatte, kam er dann auch gleich auf merkwürdige Symptome zu sprechen, die ihm Kopfschmerzen bereiteten. Der Mann war auf dem besten Weg zum Burn-out.

Manchmal ist es ein langer Weg, bis sich ein Klient eingesteht, dass es so nicht weitergehen kann und wirklich bereit ist, etwas ändern zu wollen. In diesem Fall hat es etwas gedauert, es gab Rückschläge, aber sein Körper hat ihm mit unterschiedlichen Symptomen zu verstehen gegeben, dass er etwas ändern muss. Im Laufe unserer Gespräche lernte er nach und nach, mehr auf sich und seinen Körper zu hören. Gleichzeitig musste er lernen, dass er auch ohne sein ausuferndes Arbeitspensum ein wertvoller Mensch ist, den viel mehr ausmacht als seine zahllosen Überstunden. Er geht mittlerweile viel achtsamer mit sich um und nimmt regelmäßige Auszeiten, seiner Karriere hat das keinen Abbruch getan, dafür hat er private Interessen entdeckt, die ihn zufriedener und ausgeglichener machen.

Viele Klienten, die in meine Praxis kommen, leiden unter den unterschiedlichsten psychischen oder psychosomatischen Beschwerden, etwa Schwindelanfällen, Panikattacken, Schlafstörungen, Rückschmerzen, Bauchschmerzen und vielem anderen mehr. Und von mir wünschen sie sich, dass diese Symptome bitteschön ganz schnell verschwinden sollen, damit sie wieder reibungslos funktionieren können.

Wenn ich ihnen sage, dass es eine gute Sache ist, dass sie diese Symptome haben, erstaunt sie das. Ich erkläre das dann mit den Worten des Psychoanalytikers und Philosophen Erich Fromm, die er bereits 1980 in der „Zeit" in einem Interview geäußert hat: „Die Normalsten sind die Kränkesten. Und die Kranken sind die Gesündesten. [...] Der Mensch, der krank ist, zeigt, dass bei ihm gewisse menschliche Dinge noch nicht so unterdrückt sind, daß sie nicht in Konflikt kommen können mit den Mustern der Kultur, sondern dass sie durch diese Fiktion Krankheitssymptome erzeugen. Das Symptom ist ja wie der Schmerz nur ein Anzeichen, dass etwas nicht stimmt. Glücklich der, der ein Symptom hat. Wie glücklich der, der einen Schmerz hat. Wir wissen ja: Wenn der Mensch keine Schmerzen empfände, wäre er in einer sehr gefährlichen Lage. Aber sehr viele Menschen, das heißt: die Normalen, sind so angepasst, die haben so alles, was ihr eigen ist, verlassen, die sind so entfremdet, sind so zum Instrument, sind so roboterhaft geworden, dass sie schon gar keinen Konflikt mehr empfinden." Und das ist gefährlich. Denn dann höre ich nicht mehr die Hilferufe meines Körpers, die er sendet, sondern lasse alles über mich ergehen – bis zum Zusammenbruch.

Wenn mir meine Klienten von ihren Arbeitszeiten erzählen, fühlt man sich in die Frühphase der Industrialisierung zurückversetzt. Manche arbeiten 80 Stunden und mehr die Woche und schlafen nachts nur vier bis fünf Stunden. Sie leben wie eine an beiden Seiten entflammte Kerze, und das alles für die perfekte Karriere. Dabei stelle ich immer wieder fest, dass Menschen, die im Beruf überaus erfolgreich sind, im Privatleben versagen – kein Wunder, es bleibt ja keine Zeit dafür. In einem Fall erlebte ich, dass es der Mann dreimal hintereinander nicht schaffte, zu unserer Sitzung, einer Paarthera-pie, zu kommen, weil er in der Firma wichtigere Meetings hatte – dabei ging es darum, seine Ehe zu retten.

Ein Jahr später sahen wir uns wieder, von seiner Frau war er mitt-lerweile getrennt, und weil er inzwischen von Panikattacken heim-gesucht wurde, hatte er auch seinen Job verloren – und das, obwohl er mit seiner Frau jahrelang auf Urlaub verzichtet hatte, mit der Begründung, dass ihn sein Arbeitgeber auf keinen Fall entbehren könne. Auch hier zeigt sich wieder: Wenn man versucht, in einem

Bereich des Lebens besonders perfekt zu sein, kann alles andere schnell zu Bruch gehen.

 Wenn wir versuchen, in einer Sache richtig gut zu sein, misslingt uns leicht der ganze Rest.

Der schöne Schein in den sozialen Medien

Verantwortlich für den Wunsch nach Perfektion und für ein geringes Selbstwertgefühl ist oft der Vergleich mit anderen. Erst kürzlich erzählte mir eine Studentin: „Wenn ich miese Laune haben will, gehe ich auf Instagram. Anderen bei ihrem tollen Leben zugucken, das macht mich echt fertig. Meine Freundinnen scheinen immer nur perfekt gestylt und tierisch gut drauf zu sein. Sie schaufeln ständig Pizza und Burger, Eisbecher und Kuchen in sich hinein, haben aber Figuren, als würden sie pausenlos Nulldiät machen. Ich meine, ich esse echt wenig, meist nur zwei Mahlzeiten am Tag, und so gut wie nie Junkfood, ich mache dreimal die Woche Sport und bin trotzdem zu fett. Meine Oma sagt immer, ich wäre eine gute Futterverwerterin, ich denke nur, ich bin ein Megafail. Ich habe schon gar keine Lust mehr wegzugehen. Die coolen Klamotten, die ich habe, sind mir eigentlich alle zu eng, und in denen, die mir passen, mag ich nicht vor die Tür gehen. Meist heule ich dann, weil ich mich einfach falsch auf dieser Welt fühle.“

In den sozialen Medien sieht man nur den schönen Schein. Jeder zeigt sich dort von seiner Schokoladenseite. Die sozialen Medien können uns schon manchmal an den Rand der Verzweiflung bringen.

Nichts ist so, wie es scheint, und dennoch gehen wir schnurstracks in den Vergleich. Und dann kommen Sätze in uns hoch wie „Schau, die ist auch dünn und diszipliniert, warum du nicht? Du bist so fett geworden!" oder „Warum habe ich nicht so große Augen oder so eine schmale Taille?" Alles Sätze, die uns innerlich noch kleiner machen und den Selbstwert noch mehr in den Keller segeln lassen.

Die Frage ist, warum wir uns dem Ganzen aussetzen? Machen Sie doch mal ein Experiment und versuchen Sie ohne Facebook und Co. auszukommen: Social-Media-Fasten nenne ich das. Wahrscheinlich kommt es erst einmal zum Entzug, aber vielleicht ist es auch Erleichterung und Entspannung, die Sie dafür belohnt? Probieren Sie es aus und lassen Sie sich überraschen!

Immer mehr junge Menschen nehmen geradezu reflexartig eine Pose ein, sobald Fotos gemacht werden. Jeder versucht möglichst positiv rüberzukommen, ganz egal, wie er sich tatsächlich gerade fühlt. Sein wahres Gesicht zeigt hier so gut wie niemand. Mich erinnert so ein Leben oft an die Verpackungen von Tiefkühlkost: Außen ein tolles Food-Foto, darunter der winzig gedruckte Hinweis „Serviervorschlag", die Wahrheit sieht nämlich wesentlich nüchterner aus, wenn man erst einmal die Packung geöffnet hat.

Wer aber diese inszenierten Leben nur von außen beobachtet, nimmt den ganzen faulen Zauber leicht für bare Münze. Darum ist es wichtig, sich davon abzugrenzen und die Stärke in sich selbst zu finden, seinen Weg zu gehen und nicht irgendwelchen gefakten Vorbildern nachzueifern.

Glauben Sie nicht, was andere Ihnen vormachen wollen.

Geht das: unperfekt und unoptimiert überleben?

Die meisten Menschen meinen, sie müssten für andere perfekt sein, um Erfolg zu haben und Anerkennung zu bekommen. Die Wahrheit ist eine ganz andere. Außer einem selbst will tatsächlich niemand, dass man perfekt ist. Ganze Industriezweige würden über Nacht pleitegehen, wenn sich alle perfekt fühlten oder gar wären. Wer im Job nahezu perfekt ist, eckt auch schnell an. Die wenigsten Kollegen arbeiten gerne mit einem „Hundertprozentigen", und selbst der Chef sieht solche Mitarbeiter eher als Bedrohung für die eigene Position. In der Partnerschaft kann ohnehin niemand perfekt sein, das gibt es nur in Hollywoodfilmen. Für die anderen ist es also absolut okay, wenn wir nicht ganz so perfekt sind. Der Einzige, den wir davon überzeugen müssen, dass das in Ordnung ist, sind wir selber.

Dabei sind wir selbst immer unsere größten Kritiker. Ein Kosmetikhersteller führte mal ein sehr interessantes Experiment durch: Frauen mussten sich selbst beschreiben, und ein Phantomzeichner, der sie nicht sah, fertigte nach ihren Beschreibungen Porträts an. Dann bekamen andere Personen was sie sahen zu Gesicht und beschrieben dem gleichen Phantomzeichner die Frauen. Anschließend hängte man die Porträts nebeneinander. Das Ergebnis war frappierend: Die nach den Selbstbeschreibungen angefertigten Zeichnungen ließen die Frauen durch die Bank unvorteilhafter erscheinen als die mit der Hilfe von neutralen Beobachtern erstellten Porträts.

 Sie sind in Ordnung, auch wenn Sie nicht ganz perfekt sind.

Es kommt also immer auf den Blickwinkel an. Würde man Sie auf einen Platz stellen und Passanten befragen, was sie von Ihnen halten, würde ebenfalls ein sehr gemischtes Bild herauskommen. Genauso im beruflichen oder privaten Umfeld. Es wird immer Menschen geben, die uns mögen, nicht mögen oder denen wir egal sind – da können wir uns perfektionieren, wie wir wollen.

Was lässt einen Menschen attraktiv und sympathisch erscheinen? Das können sehr viele Faktoren sein. Dabei spielen etwa Hormone und der damit verbundene Geruch eine Rolle. Männer und Frauen finden sich gegenseitig als besonders anziehend, wenn sie „einander riechen" können. Es können aber auch Erinnerungen sein, die einen Menschen im positiven Licht erscheinen lassen. Wenn jemand ein Faible für blonde Haare hat, werden auch unbekannte blonde Menschen immer Pluspunkte bei ihm haben.

Grundsätzlich unterscheide ich bei Sympathie und Antipathie drei Pools: Es gibt Menschen, die uns mögen. Es gibt Menschen, denen wir egal sind. Und es gibt Menschen, die uns nicht leiden können. In welchen Pool wir bei dem Einzelnen fallen, hängt von unzähligen Faktoren ab. Für manch einen sind wir unsympathisch, weil wir ihn an jemanden erinnern, den er nicht mag. Das ist weder unsere Schuld noch können wir etwas daran ändern. Noch weniger Einfluss haben wir darauf, wenn uns jemand nicht riechen kann. Schaffen wir es aber doch, die Sympathien von jemandem zu gewinnen, der uns nicht mochte, indem wir uns und unser Verhalten grundlegend verändern, dann werden wir womöglich im gleichen Moment jemand anderen vergrätzen, der uns vorher gewogen war. Das heißt: Wir werden es nie schaffen, alle Menschen für uns zu begeistern. Das schaffen noch nicht einmal die größten Stars und Idole, im

Gegenteil, sie polarisieren noch viel mehr als jeder Normalsterbliche. Alles, worauf es ankommt, ist, wie wir uns selbst sehen.

Alle Menschen, die uns im Leben begegnen, lassen sich in drei Pools einteilen: Die einen mögen uns, die anderen mögen uns nicht, und den Dritten sind wir mehr oder weniger egal. Sie bemerken uns womöglich gar nicht.

Wie weit wollen wir uns noch perfektionieren?

Wenn Prinzessin Kate schon wenige Stunden nach der Geburt ihres Kindes die Klinik verlässt, als ob nichts geschehen wäre, wenn Ronaldo sich nach einem seiner Traumtore das Trikot vom Körper reißt und seinen bis in die letzte Muskelfaser durchtrainierten

Körper präsentiert, dann kann man sich des Gefühls nicht erwehren, dass die perfekten Menschen alle Aufmerksamkeit auf sich ziehen. Doch wenn man die Regenbogenpresse in Ruhe durchblättert, sieht man auch: Den Kampf um die Perfektion verliert man immer. Gerade die vielen bis zur Unkenntlichkeit operierten Hollywood-Ikonen führen uns den tragischen Ausgang des Kampfes um die ultimative Perfektion vor Augen und zeigen, was die Angst vor dem Alter aus uns machen kann. Nur sehr wenige haben den Mut, sich so zu zeigen, wie sie wirklich sind, und die Spuren zu offenbaren, die das Leben hinterlässt.

Der sterbenskranke Johnny Cash war einer der wenigen, der die Größe hatte, sich bis zum Schluss im Zustand des Verfalls ungeschönt vor die Kamera zu begeben. Für Menschen, die mit einem weniger großen Selbstbewusstsein als der berühmte amerikanische Countrysänger ausgestattet sind, nimmt der Kampf eher noch an Härte zu. Der französische Skandalautor Michel Houellebecq entwickelte in einem seiner Bücher die Idee, dass sich die Menschen in Zukunft umbringen werden, wenn sie sexuell nicht mehr attraktiv sind – die Frauen mit 50, die Männer mit 60. Auch wenn ich diese Vorstellung für überspitzt halte, weil auch ältere Menschen durchaus noch attraktiv sein können, spiegelt sie den immensen Druck wider, unter den wir uns setzen. Manche Menschen wenden so viel Zeit und Energie auf, um gegen den Zahn der Zeit anzukämpfen, dass das eigentliche Leben an ihnen vorüberläuft, während sie im Fitnessstudio, beim Schönheitschirurgen oder in der Detoxklinik versuchen, die Spuren zu beseitigen, die das Leben mit sich bringt.

Haben Sie den Mut, sich so zu zeigen, wie Sie wirklich sind.

Meine Großmutter ist weit über 90 Jahre alt und lebt nach wie vor ihr eigenes Leben. Wenn man sie nach dem Geheimnis fragen würde, wie sie es geschafft hat, so alt zu werden und so fit zu bleiben, vermute ich, sie würde mit den Achseln zucken. Yoga hat sie nie gemacht, sie liebt Kuchen und hasst Diäten, und was den Sport angeht, hielt sie es immer mit Winston Churchill („No sports!"). Sie hatte auch so Bewegung genug. Und hätte meine Großmutter so gelebt, wie uns das Ernährungsoptimierer und Fitnesspäpste gern einreden, ich wette, sie wäre nicht fitter – und glücklicher auch nicht.

In Zukunft wird der Selbstoptimierungswahn noch weiter zunehmen. Und das hat auch eine Menge mit der modernen Technik zu tun. Dass die Menschen früher weniger auf Perfektion gegeben haben, lag vor allem an den Lebensumständen: Es blieb einfach keine Zeit, sich groß mit sich selber zu beschäftigen, es gab keine Fertiggerichte und keine Waschmaschinen. Der Haushalt war eine wahre Sisyphos-Aufgabe, nehmen wir nur das Thema Waschen.

Wenn in der Kindheit meiner Großmutter Waschtag war, hieß das, dass zunächst einmal jemand in den frühen Morgenstunden in den Waschkeller hinabsteigen musste, um den Waschkessel mit Holz oder Kohlen zu heizen. War das Wasser endlich heiß, schnitt man von Hand Stücke von Kernseife ab und warf sie in den Kessel. Inzwischen konnte man im Keller nicht mehr die Hand vor Augen sehen, alles war voller Dampf. Die Wäsche kam nach Farben getrennt in die allmählich kochende Lauge. Zunächst wurde der Inhalt des Kessels mit einem Stampfer bearbeitet, um anschließend Stück für Stück aus dem Kessel geangelt zu werden, zur Weiterbearbeitung auf dem Waschbrett, wo jedes einzelne Teil ordentlich gerubbelt werden musste. Was trotzdem nicht sauber geworden war, wurde in der Sonne gebleicht und anschließend ein weiteres Mal gewaschen. Nachdem die Wäsche aufgehängt und getrocknet war, kam das Bügeln – natürlich nicht mit einem Dampfbügeleisen, sondern mit einem, das mit glühenden Kohlen befüllt war und entsprechend vorsichtig behandelt werden musste. Ähnlich mühsam waren auch die anderen Haushaltstätigkeiten wie Kochen oder Putzen.

Um sich über sich selbst Gedanken zu machen, fehlte den Menschen ganz einfach die Zeit. Damit ein Haushalt funktionierte, waren viele fleißige Hände nötig, Kinder mussten schon früh mitanpacken. Ein unbeschwertes Singleleben war damals gar nicht möglich, höchstens für ein paar wenige privilegierte Menschen aus der Oberschicht, die sich ein vielköpfiges Personal leisten konnten. Heute verschafft uns die moderne Technik unglaublich viele Freiräume, sie erledigt für uns Arbeiten, für die es früher die Kraft von vielen Menschen brauchte. Und so bleibt uns auf einmal ganz viel Zeit, um uns ausgiebig mit uns selbst zu beschäftigen.

Nehmen Sie sich mal wieder mehr Zeit für sich und Ihre Wünsche.

Big Brother

Was passiert mit unseren Daten, wer überwacht uns eigentlich? Viele Menschen sind gerade dabei, ihr eigener Big Brother zu werden. Für die Spione, die ihr Leben auskundschaften, haben sie selbst eine Stange Geld bezahlt: die Smartphones, die sie immer mit sich herumtragen. Darin wird akribisch aufgezeichnet, wie viel Schritte man am Tag gelaufen ist, wie viele Stockwerke man erklommen hat, wie oft man beim Sport war, was man gegessen hat – alles wird festgehalten und ständig kontrolliert.

Aber ist das auch gut? Eine Freundin von mir, die wirklich eine beneidenswerte Figur hat, wurde mal gefragt, ob sie eine gute Waage habe, weil sie immer so perfekt ihr Gewicht halte. Sie antwortete: „Wozu? Wenn ich zugenommen habe, dann sehe und spüre ich das doch. Wenn die Jeans zwickt, lasse ich einfach mal den Süßkram weg und gehe öfter eine Runde Laufen."

Das ist das, was mehr und mehr verloren geht: Durch die grassierende Selbstkontrolle mithilfe von Apps und Co. verlernen wir, uns selber zu sehen und vor allem zu spüren. Ob wir okay sind, lesen wir in Tabellen nach, zum Beispiel in Tabellen, die uns sagen, ob wir normalgewichtig sind. Dabei kennt keine noch so ausgeklügelte Methode das Gewicht, mit dem wir uns wohlfühlen. Ich habe mich selbst dabei ertappt, dass ich auf der Wetter-App nachsah, ob es gleich ein Gewitter geben würde oder nicht, anstatt einfach aus dem Fenster zu sehen und mich überraschen zu lassen. Jetzt lasse ich es einfach darauf ankommen, nach dem Motto „Das Wetter ist, wie es ist".

Alexa und Siri können durchaus nützliche Helfer sein, sie sind aber letztendlich unkontrollierbar. Kein Mensch weiß wirklich, was mit den Daten passiert, die solche digitalen Assistenten bei uns aufsaugen. Wie froh war man damals, als die Stasi, der sogenannte „VEB Horch und Guck", für immer dichtgemacht wurde, und heute holt man es sich freiwillig ins Haus und bezahlt auch noch einen Batzen Geld dafür. Überlegen Sie, ob es Ihnen das wirklich wert ist, und schalten Sie Ihr Handy einfach auch mal aus.

Um abzuschalten, müssen wir unsere technischen Helferlein ausschalten.

Wenn Gefühle unterdrückt werden

In unserer Gesellschaft spielt der Schein eine immer größere Rolle. Und der soll natürlich besonders schön sein. Wir sollen uns möglichst ausschließlich von unserer Schokoladenseite zeigen. Und das ist oft ganz schön anstrengend, so anstrengend sogar, dass es den meisten von uns nicht guttut. Manche werden vom vielen „schönen Scheinen" geradezu krank. Wenn man in der Arbeit mit einem Lächeln eine kaum lösbare Aufgabe entgegennimmt, wenn man sich nach einem Streit mit den Freundinnen noch ein fröhliches Gruppenselfie abringt, dann kann diese Verdrängung der Gefühle schon für einigen Leidensdruck sorgen.

Wir machen gute Miene zum bösen Spiel. Probleme, die weggedrückt werden, verschwinden ja nicht, sie bleiben unter der schönen Oberfläche bestehen und können hässliche Folgen haben, sie können uns ernsthaft krank werden lassen. Es ist für mich immer wieder erschreckend, wie viel manche Menschen ertragen, bis der Leidensdruck so groß ist, dass sie endlich etwas ändern, bis sie sich die Zeit nehmen, ihre Situation gründlich zu überdenken, und bis sie für sich herausfinden, was ihnen guttut und was sie besser bleiben lassen.

Nur Sie selbst wissen, was gut für Sie ist.

Die Hochphase der Influencer

Während viele Jobs im Zeitalter der Digitalisierung aussterben, weil sie mithilfe von Software und Algorithmen schneller und billiger erledigt werden können, entstehen neue. Im Moment haben beispielsweise agile Arbeitsmethoden Hochkonjunktur. Es werden reihenweise Menschen zu „Scrum-Mastern" umgeschult, eine Art Zeremonienmeister in der neuen Arbeitswelt. Ob und wie lange man deren Dienste tatsächlich in Anspruch nimmt, muss sich erst noch zeigen.

Unter jüngeren Menschen erfreut sich ein Berufsbild allergrößter Beliebtheit: Es heißt Influencer. Alles, was man dafür tun muss, ist, man selbst zu sein. Und damit kann man prächtig verdienen: Bibi beispielsweise verdient mit dem von ihr selbstkreierten Beauty Palace laut Manager Magazin einen sechsstelligen Betrag – monatlich. Dafür präsentiert sie sich ihren 4,5 Millionen Abonnenten bei YouTube und anderen sozialen Medien wie Instagram und Facebook.

Influencer, egal ob männlich oder weiblich, präsentieren sich und ihren Alltag und zeigen der stets aufs Neue staunenden Gemeinde, wie perfekt man sein kann, wenn man sich nur Mühe gibt. Und natürlich die richtigen Produkte benutzt, zum Beispiel die, die sie selber herausgebracht haben. Damit jubeln sie ihren Followern natürlich auch die eine oder andere Werbebotschaft unter. Für die Werbeindustrie sind Influencer ein gefundenes Fressen, denn leichter kann man eine junge, kaufkräftige Zielgruppe kaum von sich überzeugen. Scheinbar machen Influencer alles selber, werden aber im Hintergrund oft von einem ganzen Stab von Profis gemanagt.

Für junge Menschen haben die Bibis und Dagi Bees eine gewaltige Vorbildfunktion, denn sie können alles perfekt, vom Make-up über die Geburtstagsdeko bis hin zum Urlaub. Dabei verhält es sich bei diesem neuen Berufsbild wie mit allen anderen Jobs im Showbiz auch: Nur sehr, sehr wenige machen ihren Weg, die meisten verschwinden bald wieder in der Versenkung.

Die schöne neue Medienwelt kann beizeiten durchaus hässlich sein.

Zu viel Schönheit tut nicht gut

Aus der griechischen Mythologie kennen wir Narziss, den Sohn eines Flussgottes und einer Wassernymphe. Aufgrund seiner außergewöhnlichen Schönheit wurde er von Frauen wie Männern begehrt, doch stolz wies er alle zurück. Den Göttern missfiel das, und so straften sie ihn mit unheilbarer Selbstliebe: Sein höchstes Glück war es nun, sein eigenes Spiegelbild im Wasser zu betrachten. Doch das wurde ihm schließlich zum Verhängnis: Als er wieder einmal bewundernd vor seinem Spiegelbild kniete, fiel ein Blatt auf die Wasseroberfläche, so dass sich sein Bild trübte. Narziss war schockiert, kam er sich doch plötzlich so hässlich vor, und starb.

An den unglücklichen Schönen erinnert heute noch die Narzisse, außerdem gab er einer Persönlichkeitsstörung ihren Namen, dem Narzissmus. Fast alle Menschen haben narzisstische Anteile in sich, aber wenn diese besonders ausgeprägt sind, spricht man von einer narzisstischen Persönlichkeitsstörung. Für Narzissten muss alles mehr als perfekt sein. Die gefühlte Perfektion verleiht diesen Menschen das Gefühl, unangreifbar zu sein. So werden gefühlte brüchige Stellen im Inneren kompensiert – ohne dass dies den Betroffenen bewusst ist.

Eine der großen Tücken dieser Krankheit ist es, dass sich die Betroffenen selbst großartig finden. Daher kämen sie nie von selbst auf die Idee, Hilfe zu suchen. Wenn sich einmal einer in meine Praxis verirrt, dann nur, weil ihn Partnerin oder Partner im Rahmen einer Paartherapie mitbringen. Die Beziehung mit einem Narzissten ist wohl eine der härtesten Prüfungen, die uns das Liebesleben auferlegen kann. Wie das antike Vorbild haben Narzissten nur Augen für sich selbst. Darum ist auch der Waschbrettbauch eines ihrer liebsten Markenzeichen. Um ihn zu bekommen, sind unendlich viele Stunden Training erforderlich, und um ihn zu behalten, natürlich auch. Das alles ist Zeit, die für die Partnerschaft fehlt.

Doch brauchen Narzissten noch viel mehr Zeit für sich selbst: Sie müssen vor allem das Geld verdienen, um sich die ganzen Statussymbole leisten zu können, mit denen sie sich noch bewunderungswürdiger vorkommen. Nicht selten gehören ihre Partnerinnen oder Partner auch dazu. Und genauso wie Kleider werden auch diese gerne öfter mal gegen etwas Neues ausgetauscht. Doch wehe, wenn sie selbst verlassen werden oder der Waschbrettbauch unter Fettröllchen verschwindet! Weil für Narzissten das Außen alles ist, bricht eine Welt zusammen.

Narzissten stehen Zeit ihres Lebens auf tönernen Füßen.

Alter und Gemeinschaft

Wenn alle immer mehr auf sich schauen, verliert die Gesellschaft zunehmend den Zusammenhalt. Natürlich ist der Wunsch verständlich: Wir alle möchten immer bildschön, kerngesund, fröhlich und finanziell unabhängig durchs Leben gehen. Dabei werden wir jeden Tag einen Tag älter. Auch wenn man heute gerne sagt, 50 ist das neue 30, schreitet der Alterungsprozess unaufhaltsam fort. Ab dem 30. Geburtstag sind bei Männern die ersten sichtbaren Zeichen meist der Haarausfall, bei Frauen die ersten Falten. Wir nehmen an Gewicht zu, dafür geht es mit der Kondition bergab. Profifußballer, die jenseits der 30 noch kicken, bekommen keine langfristigen Verträge mehr oder werden „Methusalem" genannt. Das Alter hat in unserer Gesellschaft in den Augen der meisten wenig Großartiges zu bieten.

Aber nicht nur im Sport, auch im ganz normalen Alltag sieht es für Ältere schlecht aus. Unternehmen trennen sich gerne von Mitarbeitern jenseits der 50, denn sie gelten manchem Personalchef als zu wenig leistungsfähig und vor allem auch als zu teuer. Da greift man lieber auf junge Arbeitskräfte zurück, die belastbar sind und für ein niedrigeres Gehalt alles geben, am besten in einem befristeten Arbeitsverhältnis, das jederzeit kündbar ist.

Wenn der Verlust der Jugend mit dem Verlust von Arbeit einhergeht, kommt es oft zu einer Vereinsamung. Die Menschen fühlen sich wertlos, und das nicht nur wegen der oft mehr als schmalen Rente, die vor allem Frauen nach einem langen Arbeitsleben bekommen. Die Folge ist, dass viele sich zurückziehen. Dabei ist der Mensch ein Herdentier, er braucht Nähe und die Gemeinschaft mit der Gruppe. Auf Dauer macht Einsamkeit krank: Der Homo sapiens wurde nicht zum Erfolgsmodell der Evolution, weil er ein perfekter Einzelkämpfer ist, sondern weil er mit anderen kommunizieren und agieren kann – und muss.

Jeder Mensch braucht die Gemeinschaft.

Perfektionisten sind abhängig

Wenn man perfekt sein will, baut man sein Selbstwertgefühl auf das Urteil von außen. Es gründet sich dann nicht auf den inneren Wert, sondern auf die subjektive Meinung der anderen. Das ist immer wieder ein Thema in meiner Praxis. Eine Klientin meinte einmal: „Frau Feller, ich fühle mich so schlecht. Ich tue doch alles, um es jedem recht zu machen. Ich stehe früh auf, um die Kinder in den Kindergarten zu bringen. Dort biete ich regelmäßig meine Hilfe an, um als gute Mutter gesehen zu werden. Ich habe auch schon wieder angefangen zu arbeiten, damit meine Schwiegermutter nicht denkt, ich sei faul. Nebenher erledige ich alles andere wie einkaufen, zur Reinigung fahren und das Auto in die Werkstatt bringen. Regelmäßig geben wir Partys und Essen, um unseren Freundeskreis zu pflegen. Aber ich schaffe das nicht mehr! Es wächst mir alles über den Kopf. Aufhören kann ich aber auch nicht, ich würde mich schlecht fühlen, wenn ich nicht überall mein Bestes gäbe. Und dann werde ich natürlich gern gelobt. Aber wenn dann mal nichts kommt, denke ich gleich, ich habe etwas falsch gemacht. Ich versuche so perfekt zu sein, damit niemand von mir enttäuscht ist."

Natürlich ist Lob etwas Wunderbares. Ein „Das haben Sie aber gut gemacht!", „Sag mal, hast du abgenommen?" oder „Die kurzen Haare stehen dir absolut top!" erfreut jeden, egal wie ehrlich das Kompliment tatsächlich gemeint ist. Wenn wir positive Bewertungen und Urteile über uns hören, fühlen wir uns ganz einfach angenommen, gesehen und verstanden. Und natürlich hätten wir gerne mehr davon.

Dabei sind das alles nur Momentaufnahmen. Wenn wir mehr davon wollen, fühlen wir uns verpflichtet, loszuziehen und neue Leistungen zu vollbringen, um wieder gelobt zu werden. Das unruhige Ego möchte stets aufs Neue befriedigt werden. Das Problem bei der Sache ist: Wir machen uns voll und ganz vom Urteil anderer abhängig. Unser ganzer Selbstwert speist sich aus dem Außen. Wer seinen Wert nicht aus sich selbst heraus definiert, sondern auf die Urteile seiner Umwelt gründet, begibt sich in einen Teufelskreis, aus dem man nur schwer entrinnen kann.

Verlassen Sie sich auf Ihr eigenes Urteil und machen Sie sich nicht von anderen abhängig.

Der innere Druck, perfekt zu sein

Es vergeht kaum ein Tag, an dem mir nicht ein Klient erzählt, wie sehr er unter einem inneren Druck leidet. Und in den allermeisten Fällen geht dieser nicht von seiner privaten Umgebung oder dem Arbeitsumfeld aus, sondern vor allem von ihm selbst. In zahllosen Köpfen laufen immer die gleichen inneren Dialoge ab: „Warum schaffe ich das nicht?", „Ich muss das aber schaffen", „Bin ich denn zu blöd dafür, das zu schaffen?" Ständig machen sich Menschen Vorwürfe für Dinge, von denen sie meinen, sie müssten sie erreichen, doch es klappt nicht. Kaum jemand geht so unnachgiebig mit uns um wie wir selber. Aber wozu diese ganzen strengen negativen Sätze? Im Grunde schießen wir uns doch nur selbst ins Bein und wundern uns dann, dass wir nicht mehr laufen können.

Darum ist es unendlich wichtig, dass wir mit uns selbst liebevoller umgehen, uns keine schwer erreichbaren Ziele setzen und, wenn wir etwas nicht schaffen, Nachsicht mit uns selbst üben. Nehmen Sie sich an, wie Sie sind, mit all dem, was nicht perfekt ist an Ihnen. Wie das gelingt, erfahren Sie im zweiten Hauptkapitel des Buches.

 Niemand kann uns mehr Druck machen als wir selbst.

Der innere Widerstreit

Kein Mensch ist emotional eindimensional, jeder vereinigt in sich verschiedene innere Seiten. Dazu gehören Wut, Hilflosigkeit, Trauer, aber auch Mut, Freude, Zuversicht. Doch die negativen Seiten gewinnen oft die Oberhand: „Lass das sein, das wird nichts", „Was hast du jetzt wieder gemacht?", „Bist du eigentlich nur doof?" – viele unserer Handlungen werden von unserem inneren Kritiker kommentiert. Das ist der Antreiber, der uns tagaus, tagein anpeitscht, der uns Spitzenleistungen im Job und anderswo abverlangt, der nichts anderes als das bestmögliche Ergebnis akzeptieren will.

Und da ist auch noch immer das Kind in uns, das wir einmal waren. Es trägt alle Erfahrungen, die wir gemacht haben, in sich. Und es bekommt alles ab, was wir uns selber an den Kopf werfen. Kein Wunder also, wenn unser inneres Kind manchmal verletzt und angeschlagen ist. In meinem Praxisalltag erlebe ich immer wieder Menschen, bei denen das innere Kind schweren Schaden genommen hat und immer noch nimmt. Es ist sehr verletzlich und fühlt sich schnell überfordert. Es ist wichtig, dass wir uns um unser inneres Kind kümmern und es stärken, denn dann stärken wir uns von innen. Weiter hinten im Buch werde ich näher darauf eingehen, wie Sie mit Ihrem inneren Kind arbeiten können und den inneren Kritiker zu beruhigen lernen.

Wir müssen unseren inneren Stimmen Beachtung schenken.

Nobody is perfect

Es lässt sich nicht leugnen: Wir leben in einer Leistungsgesellschaft. So hart das ist, es hat natürlich auch Vorteile: Wäre der Mensch schnell mit wenig zufrieden, würden wir wahrscheinlich noch in Höhlen wohnen und Beeren sammeln. Weil dem nicht so ist, haben wir heute einen Lebensstandard erreicht, der noch für unsere Großeltern unvorstellbar gewesen wäre. Aber der Preis dafür ist hoch, denn auf der Quittung, die viele früher oder später präsentiert bekommen, steht dick und fett: Erschöpfung, Schwindelgefühle, Panikattacken, Herz- und Kreislauferkrankungen, Schlafstörungen. In früheren Jahrhunderten starben die Menschen viel früher, aber heute, wo wir eine extrem hohe Lebenserwartung haben, werden viele oft gar nicht so alt – und wenn, haben sie kaum Gelegenheit, das gerade Erreichte zu genießen, weil sie längst schon wieder zu neuen Spitzenleistungen unterwegs sind. Sie leben rast- und atemlos, wie eine an beiden Enden brennende Kerze.

Wer für seinen Job brennt, ist meist nicht weit vom Burn-out entfernt.

Wenn ich mit Menschen zu tun habe, die vom Perfektionswahn durchdrungen sind, muss ich immer an König Sisyphos denken, die tragische Sagengestalt, die von den Göttern dazu verurteilt wurde, auf alle Ewigkeit jeden Tag einen Stein den Berg hochzuwuchten, der dann, kurz vor dem Erreichen des Gipfels, wieder zu Tal rollt. Perfektion ist etwas, das man, wenn überhaupt, nur für einen kurzen Moment erreichen kann: Die schmale Taille ist nach einer paar gemütlichen Fernsehabenden mit Nudeln und Schokolade wieder Geschichte, genau wie die sportlichen Höchstleistungen, die man einmal und dann nie wieder erreicht hat.

Das Schlimmste an der Sache ist, dass der Weg zur Perfektion von einer permanenten Unzufriedenheit begleitet wird. Natürlich gibt es auch Erfolgserlebnisse, aber ich höre von Klienten immer wieder, mit wie vielen Qualen und Zweifeln ihre Bemühungen verbunden sind. Auf der einen Seite peitscht man sich zu immer neuen Topleistungen, aber wenn man sie nicht erreicht, wird man von Selbstzweifeln gequält. Eine Sache, die immer Spaß gemacht hat, wird auf einmal zu einer Gefahr für das Selbstwertgefühl, wenn man sich dabei zu sehr unter Druck setzt. Wenn man die Joggingstrecke nicht mehr in einer bestimmten Zeit schafft oder langsamer ist als ein anderer, fühlt man sich entwertet. Es meldet sich eine innere kritische Stimme: „Warum schaffst du das nicht mehr?", „Wirst du jetzt zu alt?", „Du musst mehr trainieren!" Und so setzt man sich mehr und mehr unter Druck.

> Perfektion ist immer nur eine Momentaufnahme, nie ein permanenter Zustand.

Plädoyer für eine neue Entspanntheit

Jeder Tag, an dem wir mit uns zufrieden sind, ist ein guter Tag. Und wir haben verdammt viel Grund, mit uns zufrieden zu sein, und zwar ohne gerade irgendetwas Besonderes vollbracht zu haben. Schon dass wir überhaupt auf der Welt sind, ist ein Grund zur Freude! Wir sollten wieder viel mehr Freude finden an dem, was ist, und nicht an dem, was sein könnte. Zunächst einmal geht es darum zu lernen, uns mit ganz anderen Augen zu sehen. Mit einem liebevollen Blick auf uns, unseren Körper, unser Inneres. Verzeihen und annehmen, dass wir nicht perfekt sind, sondern ein Mensch mit all seinen Facetten, die uns einzigartig machen.

Tief bewegt hat mich die Geschichte einer älteren Dame. Sie erzählte mir von ihrem Fotoalbum, in dem sie immer wieder blätterte, um Bilder aus ihrer Jugend zu betrachten, „aus der Zeit, als ich noch ein Backfisch war". Wenn sie die Fotos von früher ansah, fand sie, sie sei doch ein sehr hübsches Mädel gewesen. Und es fiel ihr ein, wie furchtbar unzufrieden sie zu der Zeit tatsächlich mit sich war: Sie kam sich zu dünn, zu blass, zu unbedeutend vor. Auf einem Foto von ihrem 40. Geburtstag sah sie wirklich toll aus: In einem schnee-weißen Kleid posierte sie mit einem frechen Lächeln vor einer mit Wunderkerzen verzierten Torte. Dazu erzählte sie, dass sie sich damals den ganzen Tag die Augen aus dem Kopf geheult habe, weil sie dachte: „40! Jetzt ist er endgültig ab, der Lack!"

So kann man das immer weiterspinnen – nie kommt die Zeit, wo man mit sich zufrieden ist. Wie viel glücklicher würde unser Leben verlaufen, wenn wir immer gerade jetzt erkennen könnten, was für ein wunderbares Wesen wir tatsächlich jetzt sind!

 Erinnerungen sind schön, entscheidend ist aber immer das Jetzt.

Wieder zu sich selbst finden

Bis jetzt ging es viel um die Begriffe Individualität, Selbstwert, Per-fektion, Optimierung, Druck und Leistungszwang. Nun ist es an der Zeit, diese Begriffe einmal näher anzuschauen, um zu sehen, wie sie miteinander zusammenhängen. Die Verbindungen und Wechselwir-kungen der Themen zu erkennen und sich bewusst zu machen, ist eine Grundvoraussetzung dafür, nachhaltig etwas ändern zu kön-nen, um sich wieder selbst zu spüren und zu lernen, was wirklich wichtig ist.

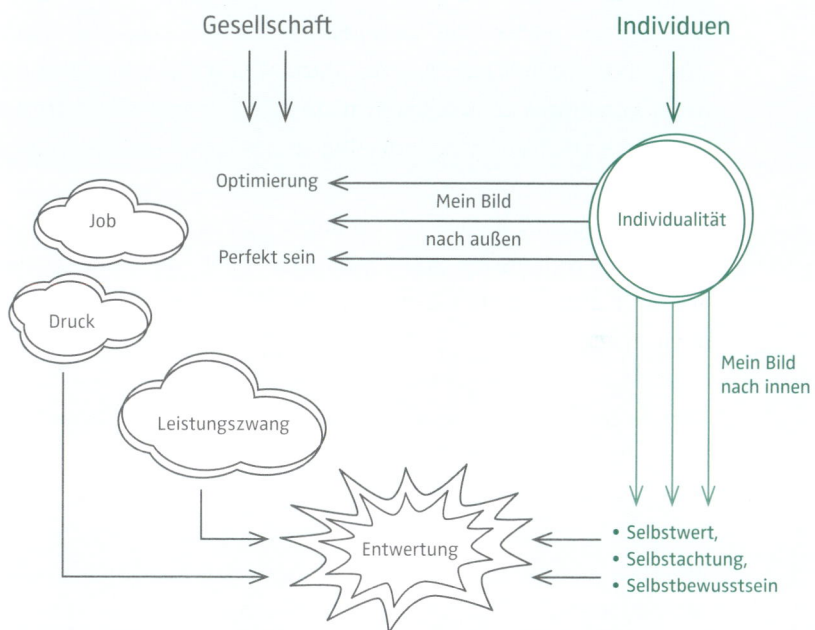

Die Zeichnung gibt Ihnen einen Überblick darüber, wie die Begrifflichkeiten der Selbstfindung zusammenhängen. Als Erstes schauen wir den Begriff „Individualität" an.

Individualität

Begrifflichkeiten ändern ihre Bedeutung im Laufe der Jahre. Ein schönes Beispiel ist das wunderbare Wort „merkwürdig", das man heute im Sinne von „seltsam" verwendet. Ursprünglich bezeichnete es genau das, was es aussagt, nämlich eine Sache, die es würdig ist, dass man sie sich merkt. Genauso verhält es sich auch mit dem Begriff Individualität. Es leitet sich her von dem Begriff

„Individuum", das sich von dem lateinischen Wort „individuus" herleitet und „unteilbar" bedeutet. Es meint heute den einzelnen Menschen im Gegensatz zur Masse. Das Adjektiv „individuell" heißt, dass etwas auf die Bedürfnisse eines Einzelnen abgestimmt ist. Doch auch hier hat sich die Bedeutung gewandelt. Der „individuelle" Fashion-Look beispielsweise äußert sich darin, dass doch wieder alle dem Trend folgen, etwa die Hipster, die sich mit ihren Bärten als Prototyp der Individualisten gerieren, auch wenn sie sich wie ein Ei dem anderen gleichen – individuell ist höchstens noch die Bartlänge.

Wer von sich behauptet, individuell zu sein, bezieht das in den meisten Fällen auf sein Äußeres. Wenn jemand sich ein Tattoo stechen lässt, mag das ein individueller Akt sein, wenn sich die halbe Gesellschaft tätowieren lässt, dann ist es ein Massenphänomen. Wenn die Industrie verspricht, uns Produkte zu verkaufen, die ganz auf unsere individuellen Bedürfnisse zugeschnitten sind, ist das in den allermeisten Fällen nichts als Etikettenschwindel: Wenn ich mein neues Auto, das Hunderttausende andere auch fahren, mit individuellen Felgen und einer besonderen Innenausstattung bestelle, bleibt es doch ein Fahrzeug wie Hunderttausende andere auch, es macht mich jedenfalls nicht zu einer individuellen Persönlichkeit.

Wahre Individualität tragen wir in uns, und die hängt ganz eng mit unserem Selbstwertgefühl zusammen, mit der Verantwortung, die wir für uns und für andere übernehmen. Sie lässt sich durch kein Kleidungsstück und kein Auto ersetzen, egal wie klangvoll der Herstellername ist.

Wer versucht, sich abzuheben, verliert schnell die Bodenhaftung.

Individualität entspringt meinem Bewusstsein, darum sollte man zunächst einmal den Blick nach innen richten. Da ist die Frage, die Philosophen von der Antike bis heute beschäftigt, nicht zuletzt den Autor Richard David Precht in seinem Buch „Wer bin ich? Und wenn ja, wie viele?", das die Fragen aufwirft: Wer könnte ich sein, welche Seiten an mir habe ich noch nicht entdeckt?

Es gibt Menschen, die gern so sein möchten wie alle. Sie wollen nicht anecken und auch nicht unbedingt im Mittelpunkt der Aufmerksamkeit stehen. Sie schwimmen einfach im Strom mit. Und dann gibt es die, die sich von der breiten Masse abheben wollen, die anders, die besonders sein möchten – und darum oft in die Perfektionsfalle laufen: Denn wenn man eine tolle Figur hat, wenn man sportliche Höchstleistungen bringt, immer seinen inneren Schweinehund überwindet und im Job alles gibt, dann kann man zeigen, dass man anders als die anderen ist. Hier kann falsch verstandener Individualismus durch das Streben nach Perfektion leicht in die Falle führen.

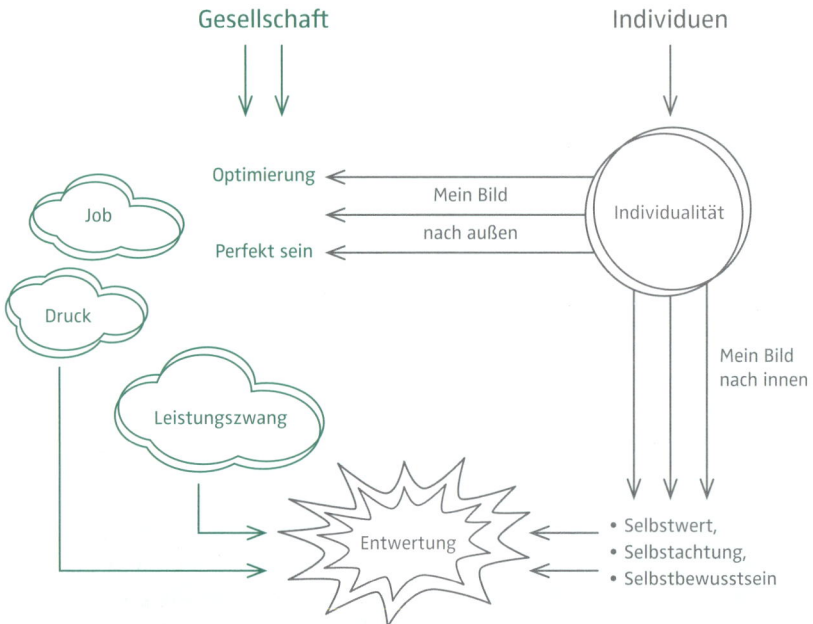

Nun erläutere ich Ihnen die Begriffe „Perfektion" und „Optimierung".

Perfektion

Gibt es Perfektion eigentlich? Die Antwort darauf fällt wohl eher ernüchternd aus: Wirklich perfekt ist so gut wie gar nichts. Perfektion bedeutet im Wortsinn „Vollendung", „Vollkommenheit", und das ist ein Ziel, das kaum jemand erreicht, und wenn doch, kann er sich nur für einen Augenblick daran erfreuen. Wer eine perfekte Zeit beim Marathon gelaufen ist, wird möglicherweise schon beim nächsten Mal dahinter zurückbleiben – selbst Weltrekordler halten oft nur über eine kurze Zeit ihre Bestmarken, weil dann ein anderer eine noch bessere Leistung erbringt. Perfektion ist also nur eine Momentaufnahme, eine Illusion, der wir hinterherrennen, um uns für einen Moment gut zu fühlen – um danach wieder in den Sumpf von Selbstzweifeln und Vorwürfen zu versinken.

Die entscheidende Frage ist: Was treibt die Menschen an, nach Perfektion zu streben? In früheren Zeiten galten alle menschlichen Anstrengungen dem Überleben. Ein Steinzeitmensch wurde von seinen Mithöhlenbewohnern gefeiert, wenn er das Mammut mit einem Speerwurf zur Strecke brachte. Und heute ist es nicht anders, etwa beim Fußball: Am meisten bejubelt wird der Spieler, der besonders viele Tore erzielt. Und das fühlt sich natürlich gut an.

Damit sind wir beim Motiv für den Drang zur Perfektion: Anerkennung. Es ist ein Gefühl, nach dem sich jeder Mensch sehnt, und zwar von Kindesbeinen an. Wenn wir klein sind, ist ein Lob mindestens so süß wie ein Stück Schokolade, und das gibt es nicht selten beim Lob noch obendrauf. So werden wir von Anfang an darauf konditioniert, immer unser Bestes zu geben. Anerkennung ist wie eine Droge, es ist ein Gefühl, das hochgradig süchtig macht. Anerkennung gibt uns den Selbstwert, den wir uns nicht selbst geben können.

Doch genau wie bei den Drogen verhält es sich so, dass wir die Dosis ständig erhöhen müssen, um wieder das gleiche Glücksgefühl zu erreichen. Kommt ein Schulkind nach eher mäßigen Leistungen in Mathe zum ersten Mal mit einer Drei nach Hause, ist die Freude groß. Bei der nächsten Drei gewöhnen sich die Eltern schon daran, daher muss, um wieder eine ähnliche Freude auszulösen, eine Zwei her.

Das gleiche Muster wiederholt sich unser ganzes Leben lang in allen Bereichen. Bringt man beim Sport eine herausragende Leistung, wird die Anerkennung nicht auf sich warten lassen, doch hat man sie einmal erreicht, dann liegt die Latte auch gleich sehr hoch. Denn an der Spitzenleistung wird man zukünftig gemessen werden: Erreicht oder besser übertrifft man sie nicht, bleibt die Anerkennung aus. Um wieder gefeiert zu werden, muss man noch ehrgeizigere Ziele in Angriff nehmen.

Im Job sieht es ähnlich aus. Eine Klientin kostete ihr größter Erfolg in der Firma mittelfristig den Arbeitsplatz. Nachdem es ihr gelungen war, einen großen neuen Kunden für ihre Firma zu gewinnen, der mehr Geld einbrachte als die anderen Kunden zusammen, wurde sie gefeiert, befördert und mit einem Bonus belohnt. Im Jahr darauf gewann sie zwei weitere, etwas kleinere Kunden. Hätte sie nicht zuvor diesen riesigen Fisch an Land gezogen, an dem man sie nun maß, hätte sie kaum zu hören bekommen, dass sie unter den Erwartungen geblieben sei. Als das Gleiche im nächsten Jahr passierte, erklärte man ihr, man müsse sich von ihr trennen – was vermutlich nicht passiert wäre, wenn sie nicht diesen einen Wahnsinnsauftrag gewonnen hätte. Je höher wir steigen, desto tiefer der Absturz.

 Perfektion ist letztlich eine Illusion.

Optimierung

Der kleine Gefährte der Perfektion ist die Optimierung. Auch ein Wort, das sich irgendjemand ausgedacht hat, um unsere Welt noch schneller, noch effizienter und noch zielsicherer zu machen. Es stammt vom lateinischen „optimus", „der Beste", also der Steigerungsform von „gut". Überall wird optimiert: Optimierung der Arbeitsabläufe, der Figur, der Frisur, des Tagesablaufs, des Urlaubs – und das alles nur, um keine wertvolle Zeit zu verschwenden und alles rauszuholen, was geht. Zeit muss sinnvoll und „optimal" ausgefüllt werden, „suboptimal" kommt einem „schlecht" gleich.

Aber was optimal ist, können wir selbst bestimmen. Auszeiten, in denen man einfach mal im Café sitzt, im Park spazieren geht und einfach mal nur so da ist, gehören in vielen anderen Ländern selbstverständlich zum Alltag dazu. Also sollten Sie sich fragen: „Was ist denn für mich optimal? Im Hinblick auf die Gesundheit, auf die innere Zufriedenheit, auf ein glückliches und gelingendes Leben? Will ich mir das wirklich von anderen vorschreiben lassen? Oder nehme ich die Zügel selbst in die Hand und definiere selber, was optimal für mich ist?" Denken Sie mal in Ruhe darüber nach!

Optimal ist der kleine Bruder von perfekt.

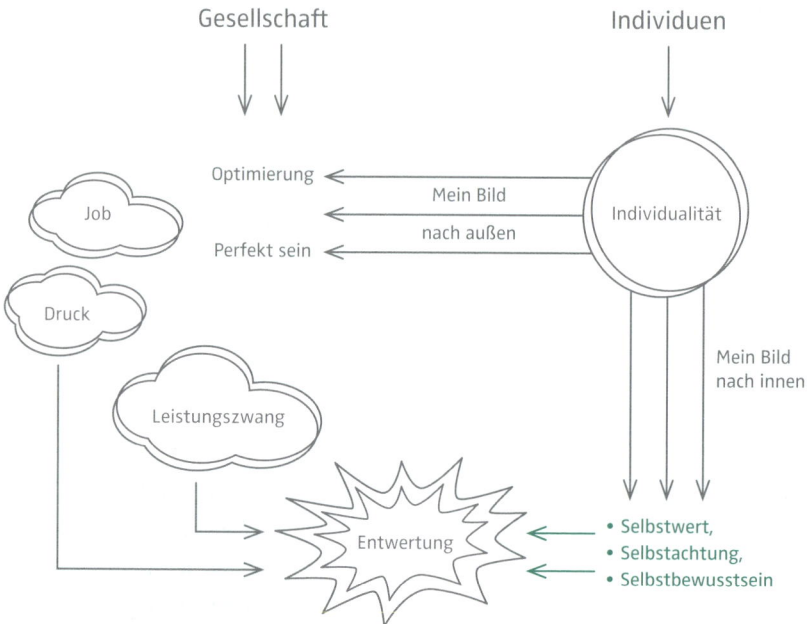

Jetzt gehen wir den Begriffen „Selbstwert", „Selbstachtung" und „Selbstbewusstsein" auf den Grund.

Selbstwert, Selbstbewusstsein und Selbstachtung

Unser Selbstwert kommt nicht von allein, er gründet sich auf die Anerkennung, die wir von anderen erhalten. Am Anfang unseres Lebens sind das die Eltern und die Freunde. Aber die Anerkennung hat ihren Preis, denn vorbehaltlos bekommen wir dieses kostbare Gut nur sehr selten. Wir lernen von Kindesbeinen an, dass Anerkennung etwas ist, das wir uns verdienen müssen: durch besondere Leistungen, durch gute Noten oder sportliche Erfolge. Und so werden wir schon früh darauf konditioniert: Wenn wir etwas Tolles leisten, dann erfahren wir Zuneigung. Man belohnt uns mit Liebe. Bedingungslose Liebe und Zuneigung erleben die meisten von uns nur in seltenen Ausnahmefällen. Lob ist fast immer an eine besondere Leistung gekoppelt. Wenn Kinder früher hoch gesteckte Wünsche hatten, wurden ihnen gesagt: „Du musst erst mal was erreicht haben im Leben." Und so kriegen wir von früh an eingebläut, dass in unserer Gesellschaft nur Leistung zählt. Und dieses Prinzip begleitet uns das ganze Leben lang.

Die Medien tragen ihren Teil dazu bei. Dauernd geht es in den unterschiedlichsten Sendeformaten darum, wer wen schlägt. Gerade Jugendliche folgen gebannt Sendungen wie „DSDS" und „Germany's Next Topmodel", die nichts anderes vermitteln als einen knallharten Ausleseprozess: Nur die Besten der Besten setzen sich durch, die scheinbar Schönsten und Aufregendsten. So fördern solche Sendungen nicht nur die Selbstentwertung, sie können die Zuschauer regelrecht krank machen und tragen oft dazu bei, dass vor allem Mädchen sich durch die unerfüllbaren Schönheitsnormen unter Druck fühlen.

Um liebenswert zu sein, muss man nicht in Vorleistung gehen.

Auch der Freundeskreis kann eine Quelle für Verunsicherung sein. Das Selbstwertgefühl einer Klientin war nach einem Abend mit zwei Studienfreundinnen bei einem Nobelitaliener in den Keller gerauscht: Die eine erzählte, wie sie, gerade zurück von der Convention, ihre superteure It-Bag auf dem Airport geschossen habe. Denn im Job, da gehe sie gerade ab wie eine Rakete, man habe ihr sogar schon eine Partnerschaft in Aussicht gestellt. Die zweite berichtete von ihrem neuen Lover, dem Jackpot in der Männertombola, der Stellungen kenne, von denen sie noch nie gehört hatte, und sie habe schon eine Menge gehört. Die drei waren schon beim Tiramisu, als endlich auch meine Klientin zu Wort kam. Sie erzählte von ihren beiden Kindern und wie viel Arbeit, aber auch wie viel Freude sie ihr machen.

Dann musste meine Klientin auch schon los, der Babysitter ... Sie hatte sich so auf diesen Abend gefreut, doch es war ihr zum Heulen: Die eine Freundin macht Karriere, die andere hat bewusstseinserweiternden Sex – und ihr selbst hat das Leben nur volle Windeln zu bieten. Bei einem späteren Zusammentreffen der drei Freundinnen stellte sich heraus, dass die Freundin mit dem heißen Lover sich sehnlichst Nachwuchs wünschte, doch der Geliebte dazu nur meinte: „Ehe und Kinder, das ist so 20. Jahrhundert." Und die Dritte im Bunde war unglücklich, weil ihre Karriere ihr weder Platz für Kinder noch für eine heiße Liebesaffäre geschweige denn irgendeine Freizeitbeschäftigung ließ. Dennoch: Was die anderen haben, das wollen wir auch, und wenn wir es nicht erreichen, greift das unser Selbstwertgefühl an.

 Das Leben darf nicht zum Konkurrenzkampf ausarten.

Es ist so wichtig, zu sich selbst zu finden. Herauszufinden, was unsere wichtigsten körperlichen und seelischen Basisbedürfnisse sind, uns an dem erfreuen, was wir haben und was wir können, und nicht mit dem Schicksal über die Dinge zu hadern, die andere mehr haben oder besser können. Dafür muss man erst einmal den Blick nach innen richten: Wer bin ich wirklich? Wie kann ich in Kontakt zu meinen Gefühlen und Bedürfnissen treten? Wie kann ich meine unterschiedlichen Seiten miteinander in Einklang bringen, wo sie in Konflikt miteinander stehen? Wie das gelingt, verrate ich Ihnen im folgenden Kapitel.

WIE SIE DEN PERFEKTEN NORMALZUSTAND FINDEN

Im vorangegangenen Kapitel habe ich die Ursachen und Einflüsse ergründet, derentwegen wir uns nicht ausreichend perfekt fühlen. Sie wissen nun, wie die Perfektionsfalle funktioniert. Um aus ihr herauszufinden, stelle ich Ihnen hier handfeste Techniken und Übungen vor und gebe Ihnen Tipps an die Hand, wie Sie etwas für Ihr Wohlgefühl tun können.

Innere und äußere Ebene

Ich unterscheide bei jedem Menschen eine innere und eine äußere Ebene. Das Innere ist Ihr Selbst. Hier sind Ihr Charakter, Ihre Wünsche und Ihre Bedürfnisse verortet. Auch Ihr Körper gehört dazu. Die äußere Ebene sind die Menschen, die Sie umgeben, die Gemeinschaft, in der Sie leben und arbeiten, Ihre Umwelt.

Es gilt, zwei Bilder zu differenzieren: das Innere, das Ihre eigene Meinung über Sie zum Ausdruck bringt: wie Sie zu sich stehen, was Sie über sich denken, wie Sie über sich urteilen. Und das Äußere, das das Bild Ihrer Umgebung widerspiegelt: wer wie auf Sie reagiert, alles, was Sie im Außen wahrnehmen.

Das innere Bild ist wichtig, um mit sich selbst in Einklang leben zu können, denn nur Sie können hier hineinfühlen, nur Sie können sich hier gut oder schlecht behandeln. Im Außen gehen Sie in Kontakt mit anderen. Das Außen reagiert auf Sie. Manchmal positiv, manchmal negativ, immer aus seiner subjektiven Welt heraus. Sie können sich davon inspirieren lassen, was die anderen davon halten oder wie sie mit bestimmten Situationen umgehen. Das kann spannend und bereichernd sein, aber auch anstrengend, wenn man das Bedürfnis hat, ständig das Außen zu bedienen und zufriedenzustellen.

Diese zwei Welten wollen wir genauer untersuchen. Die Technik, die Ihnen dabei helfen soll, ist die von mir entwickelte Blasentechnik. Wer mein Buch „Lebe lieber selbstbestimmt" gelesen hat, kennt sie schon, trotzdem lohnt es sich auch dann, diesen Teil gründlich zu studieren, denn hier kommen ganz neue Aspekte zum Tragen.

Jeder von uns lebt in einer buntschillernden, beweglichen Blase.

Die innere Ebene: Wie stehe ich zu mir?

Im Zentrum unserer Persönlichkeit steht unser Selbstwertgefühl, unsere Selbstachtung, unser Selbstbewusstsein. Dieses Gesamtbündel nenne ich die inneren Strukturen. Wer sich mit seinen ganzen individuellen Eigenschaften annehmen kann, mit allen Fehlern und Unvollkommenheiten, der schätzt sich wert und braucht keinem Ideal hinterherzulaufen, das er ohnehin nur in den seltensten Fällen erreichen kann.

Um diese inneren Strukturen zu stärken, müssen Sie als Erstes Ihr Selbstbewusstsein aufbauen. Selbstbewusstsein heißt, Sie werden sich bewusst: Wer bin ich? Was gefällt mir? Sie geben Ihren ganzen Gefühlen und Seiten in sich eine Chance, gesehen zu werden. Sie schenken ihnen Beachtung und schätzen sie dadurch wert. Die folgenden Übungen sollen Ihnen dabei helfen, sich rückhaltlos annehmen und schätzen zu lernen.

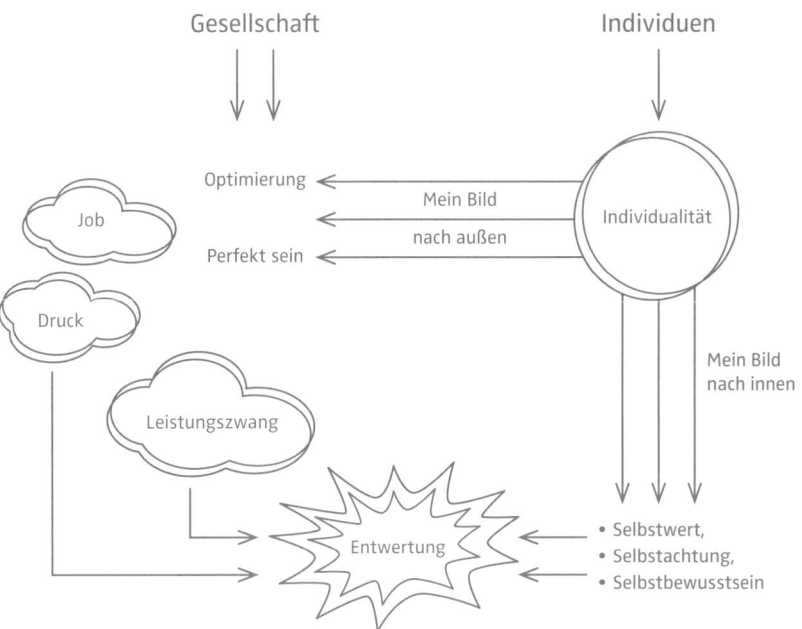

Unser Bild nach innen: Wie sieht unser Blick nach innen eigentlich aus? Wie gehen wir mit uns um?

Richten Sie zunächst Ihren Blick ganz auf sich selbst, um herauszufinden, wer Sie sind und was Sie ausmacht. Grundsätzlich gilt: Je mehr Sie sich Ihrer selbst bewusst werden, sich also mit all Ihren Seiten, Gefühlen, Interessen und so weiter wahrnehmen können, desto mehr haben Sie die Chance, Ihr ganzes Selbst zu sehen und nach und nach anzunehmen und dadurch auch zu wertschätzen. Nur so können Sie erkennen, was Ihnen guttut und was Ihr Leben bereichert.

Wer im engen Dialog mit sich selbst steht, achtet viel bewusster auf die Dinge, die er tut, und erkennt klar, was gut für ihn ist. Sich mit sich selbst zu beschäftigen klingt erst einmal gar nicht so kompliziert. Doch gerade das fällt uns unendlich schwer. Unser Selbstbild beruht sehr oft nur auf den Urteilen anderer, manchmal haben wir gar keine eigene Meinung von uns selbst.

Manchmal haben wir aber auch Angst, richtig hinzuschauen. Denn es kann schmerzhaft sein, sich intensiv mit sich zu beschäftigen, besonders mit Seiten, die man nicht an sich mag oder womöglich sogar hasst. Und die man schon deshalb ganz, ganz weit nach hinten verdrängt hat. Hier ist es wichtig, sich diesen Seiten langsam anzunähern und sich mit all seinem Inneren, aber auch mit seinem Körper auszusöhnen und sich anzunehmen, so wie man ist. Auch wenn man vielleicht nicht alles gleich lieben kann. Das ist okay! Allein das Annehmen bringt uns uns selbst näher.

Die Blasentechnik

Darum bildet in meiner Arbeit in den meisten Fällen die Festigung der inneren Strukturen das Fundament für eine erfolgreiche Behandlung. Immer wieder dreht es sich um genau diese Themen, egal ob es sich um Burn-out, Angst, Panik oder Schlafstörungen, psychosomatische Beschwerden oder anderes handelt. Ich habe festgestellt, dass das Ganze für viele anfangs nicht greifbar ist und sie zunächst Schwierigkeiten haben, ihre inneren Strukturen zu festigen. Darum habe ich mir eine Menge Gedanken dazu gemacht, was ich meinen Klienten mitgeben kann, etwas Greifbares, damit sie im Alltag noch besser experimentieren, Veränderungen spüren und neue Erfahrungen machen können, um immer mehr zu sich selbst zu kommen.

Und so habe ich im Laufe der Jahre meine besondere Technik entwickelt, die sich als voll alltagstauglich erwiesen hat: Man kann sie praktisch überall anwenden, und genau das war mir wichtig. Die Sache sollte nicht nur bei mir in der Praxis funktionieren, sondern nach Möglichkeit überall. Eine Technik, die ich Ihnen an die Hand gebe und die Sie mitnehmen, um in Ihrem Alltag damit zu experimentieren.

 Mut zur Veränderung wird belohnt.

Für mich und meine Klienten ist das der archäologische Teil unserer Arbeit, denn hierbei geht es darum, lang verschüttete Gefühle und Bedürfnisse auszuloten und freizulegen. Und das kann sehr spannend für beide Seiten sein: Es ist schön, wenn man sich selbst überraschen kann, indem man immer mehr neue Seiten an sich entdeckt. Denn es ist ein Prozess, und wir verändern uns über die Zeit. Ein lebendiger Prozess der Veränderungen!

Wenn es Ihnen gelingt, Ihr Selbst zu ergründen, werden Sie sich Ihrer selbst immer mehr bewusst und kommen zu einer ganz neuen Stärke und einem neuen Selbstwertgefühl. Damit das einfacher gelingt, habe ich die Blasentechnik entwickelt. Die Übungen helfen Ihnen, sich besser wahrzunehmen, sich zu erkennen und zu Ihrem Außen einen gesunden Abstand zu entwickeln. Viele Klienten sind überrascht, wenn sie herausfinden, was alles an Potenzialen in ihnen steckt. Nicht selten habe ich erlebt, dass Klienten ihr Leben noch einmal aus einer ganz anderen Sichtweise betrachten und grundlegende Dinge ändern, beispielsweise ihren Beruf wechseln.

Es ist nie zu spät für einen Neustart!

Die folgenden Übungen unterstützen Sie dabei, sich selbst zu entdecken, sich mit allen Seiten und Gefühlen zu erkennen und sich mit allem, was Sie ausmacht, auszusöhnen. Nur so kann man in einen harmonischen Einklang mit sich selbst kommen und in alltäglichen und nicht ganz so alltäglichen Situationen immer bei sich selbst bleiben. Diese Übungen helfen nicht nur Menschen, die an einer Angststörung leiden oder vom Burn-out bedroht sind, von ihnen kann wirklich jeder profitieren.

Was macht mich aus?

Als Erstes müssen wir uns bewusst machen, dass uns unendlich viel mehr ausmacht, als es beim Blick in den Spiegel den Anschein haben mag. Was uns ausmacht, ist ja nicht nur unsere äußerliche Hülle, der Körper. Da ist die Persönlichkeit, die sich dahinter verbirgt. Unser Charakter, die Gene, die uns geprägt haben, der Schatz unserer Erfahrungen, die Wünsche, die uns bewegen. Und dann sind da die vielen Rollen, die wir im Leben ausfüllen und zwischen denen wir ständig hin und her wechseln. Mal sind wir Kollege oder Kollegin, Freund oder Freundin, Mutter oder Tochter, Kind oder Erwachsene. In der Paartherapie kann ich immer wieder beobachten, wie Menschen innerhalb von Sekundenbruchteilen von einer Rolle in die andere übergehen. Gerade war der Mann noch der besorgte Familienvater, dann wird er wegen einer Bemerkung zum verletzlichen Kind. All das ist Teil von uns, und wie sagte schon der griechische Philosoph Aristoteles: „Das Ganze ist mehr als die Summe seiner Teile."

Fangen wir also mit der ersten Übung zu meiner Blasentechnik an!

Jeder Mensch wird von seiner eigenen Blase umgeben.

Nehmen Sie sich einen Moment Zeit und setzen oder stellen Sie sich so hin, wie es Ihnen am bequemsten ist. Jetzt stellen Sie sich vor, dass Sie von einer durchsichtigen, bunt schillernden, zarten und ganz flexiblen Seifenblase umgeben sind, die alle Turbulenzen unbeschadet übersteht. Sie können Ihre Hände zu Hilfe nehmen und sie symbolisch mit den Händen um sich herumziehen. Vielleicht können Sie die Seifenblase sogar mit den Händen spüren. Lassen Sie sich ruhig etwas Zeit, um sich mit Ihrer Blase vertraut zu machen.

Wenn Sie die Blase ausgiebig visualisiert haben, nehmen Sie sich ein weißes Blatt und einen Stift und fertigen Sie eine Skizze von sich an. Und keine Angst, das Bild muss keinen Höchstpreis bei einer Kunstauktion erzielen, es kann ruhig eine ganz simple Strichzeichnung sein. Anschließend ziehen Sie einen Kreis um Ihr Bild. Der Kreis symbolisiert Ihre innere Welt, eben in Form dieser bunt schillernden Seifenblase. Das „bunte Schillern" ist übrigens nur wichtig für Ihre Imagination, für die Zeichnung reicht ein einfarbiger Kreis voll und ganz. Aber ich will Ihrer Fantasie da keine Grenzen setzen: Malen Sie ihn so, wie Sie mögen!

Wichtig ist, dass in dem Kreis genug Platz bleibt, um dort die Eigenschaften eintragen zu können, die Sie ausmachen. Dazu gehören die Anlagen, die Ihnen mitgegeben wurden, und Ihr Charakter. Das ist eine Frage, bei der viele meiner Klienten erst einmal ganz schön ins Grübeln kommen: Welche Eigenschaften zeichnen meinen Charakter aus? Er kann von Mitgefühl geprägt, aber auch aufbrausend oder ungeduldig sein. Auch Neugier ist eine wichtige Charaktereigenschaft.

Man kann sich jeden Tag neu entdecken!

Auch hier können Sie sich in der Phantasie die Seifenblase um sich herum vorstellen: Alles, was Sie ausmacht, schwebt wie kleine Planeten um Sie herum. Die einzelnen Planeten haben eine unterschiedliche Größe, je nach Wichtigkeit. Vielleicht ist Ihr größter Planet die Angst, vielleicht ist es aber auch Empathie. Daneben gibt es aber auch andere, kleinere Planeten, die womöglich das genaue Gegenteil bedeuten. Niemand ist nur ängstlich oder mutig, nur mitfühlend oder aggressiv. Die einzelnen Eigenschaften sind aber bei jedem Menschen verschieden ausgeprägt. Überlegen Sie in Ruhe, was Ihnen am wichtigsten erscheint, dann tragen Sie es nach und nach in den Kreis ein.

Dann denken Sie an die Erfahrungen, die Sie gemacht haben, die guten und auch die schlechten. Welche waren die wichtigsten für Sie? Welche haben Ihre Entwicklung beeinflusst? Und dann schreiben Sie auf: Was mögen Sie gerne, was können Sie nicht leiden?

Es sind unendlich viele Eigenschaften und unterschiedliche Anteile, die einen Menschen ausmachen. Versuchen Sie herauszufinden, was Sie ganz persönlich ausmacht, und tragen Sie es in den Kreis ein.

Wer bin ich?

Indem Sie Schritt für Schritt den Kreis mit Ihren Eigenschaften ausfüllen, gewinnen Sie ein komplettes Bild von sich. Wie gesagt, viele meiner Klienten haben sich derart vollständig noch nie betrachtet und sind über das Gesamtergebnis überrascht, und das zumeist im positiven Sinne.

Manchmal kann die Sache auch schmerzhaft sein. Nämlich dann, wenn wir die (vorerst noch) negativ oder sogar hassenswert bewerteten Teile unserer Persönlichkeit sehen. Aber auch diese gehören zu uns und wollen beachtet werden. Wenn Sie einmal beginnen, sie wahrzunehmen, und ihnen Raum geben, sind sie oft schon nicht mehr so groß und nicht mehr so schlimm. Alle Ihre Seiten sind wichtig, um sich Ihrer selbst bewusster zu werden. Und die Selbsterkenntnis ist der erste Schritt zu einem gesunden Selbstwertgefühl.

Ganz entscheidend ist hier die Aussöhnung mit den bis dato negativ erlebten Seiten. Diese Muster, die man abgespeichert hat, gilt es zu verändern. Betrachten Sie sich aus einer anderen Perspektive! Es ist vollkommen legitim, auch mal neidisch zu sein. Es ist völlig in Ordnung, jemanden nicht zu mögen, man darf auch mal wütend sein oder zickig oder sich der Völlerei hingeben – all das gehört zu unserer Natur. Auch wenn von allen möglichen Seiten versucht wird, uns deswegen ein schlechtes Gefühl zu machen. Doch damit verleugnen wir unsere Natur. Das Verneinen unserer innersten Eigenschaften bedeutet im Endeffekt nichts anderes als: „Du bist nicht richtig, so wie du bist", also: „Sei nicht so, wie du bist!", also nochmals verkürzt: „Sei nicht!"

Söhnen Sie sich mit Ihren als negativ erlebten Seiten aus.

Diese indirekte Aussage ist existenziell für uns, denn sie ist mit viel Angst vor Ablehnung, Vorwürfen uns selbst gegenüber und nicht selten durch die Abspaltung innerer Anteile in uns verbunden. Was, wie Sie sich vorstellen können, gesundheitliche Störungen zur Folge haben kann. Daher ist es der einzig richtige Weg, sich so anzunehmen, wie man ist, mit all seiner Unperfektheit! Und plötzlich stellt man vielleicht fest, dass man eigentlich schon ziemlich perfekt ist – nämlich herrlich unperfekt perfekt. Erfrischend einzigartig, ein menschliches Wesen mit vielen inneren Anteilen, die sich verspielt abwechseln und alles andere als langweilig sind.

Vielleicht merken Sie aber auch, dass Sie etwas verändern möchten. Eine Klientin stellte in diesem Prozess des Sich-Findens fest: „Frau Feller, mein Angstplanet ist mir viel zu groß. Das war mir ja gar nicht so bewusst. Dadurch habe ich mir so viel verbaut im Leben. Der muss schrumpfen!" Und das tat er auch: Sie schaute sich ihren Mutplaneten (also den Gegenpol) an – auch wenn er ganz klein war, er war da. Dadurch, dass sie ihm Aufmerksamkeit schenkte und ihn bei allem, was sie tat, im Auge behielt, wurde er immer größer. Sie fühlte sich freier in ihren Entscheidungen, und eines Tages fiel ihr plötzlich auf, dass auch ihre Rückenschmerzen weg waren, unter denen sie jahrelang gelitten hatte – ein gutes Beispiel dafür, wie sich Körper und Psyche gegenseitig beeinflussen.

Und so beginnt der wunderbare Prozess des inneren Selbstbewusst-werdens und der inneren Selbstwertstärkung. Damit erreichen Sie

Dinge, die man mit keiner Diät, keinem Sportprogramm und erst recht keiner Shoppingtour erreichen kann.

So könnte Ihre Blase aussehen – oder auch ganz anders! Denken Sie in Ruhe über sich nach und ergänzen Sie mit der Zeit alles, was Ihnen wichtig ist.

Nun ist es Zeit, noch ein bisschen genauer hinzusehen.

Nehmen Sie sich einen Block oder Ihr Tablet oder Laptop und erstellen Sie eine Liste. Diese Liste hat zwei Rubriken:
- *Was ich an mir mag*
- *Was ich nicht so sehr an mir mag*

Das können Charakterzüge, aber auch Äußerlichkeiten sein. Seien Sie möglichst ehrlich mit sich und nehmen Sie sich Zeit, gern auch mehrere Tage. Oft ist es gut, die Liste zwischendurch einmal wegzulegen und dann wieder draufzuschauen.

Tragen Sie alles ein, was Ihnen zu sich einfällt, im Guten wie im Schlechten. Und wenn Sie die Liste für vollständig halten, schauen Sie die einzelnen Punkte durch und achten besonders auf die Dinge, die Sie als weniger positiv empfinden.

Eine Klientin von mir schrieb, dass sie es an sich nicht mag, dass sie so nah am Wasser gebaut ist und oft schon bei der kleinsten Geschichte, die ihre Freundinnen erzählen, so gerührt ist, dass ihr die Tränen wie ein Springbrunnen schießen. Nachdem wir dem Ganzen in ein paar Sitzungen auf den Grund gegangen waren, kamen wir zu dem Schluss, dass der Punkt genauso gut unter den liebenswerten Eigenschaften stehen kann: Er zeigt einfach, dass sie ein Mensch ist, der mit sehr viel Empathie ausgestattet ist.

Ich stelle darüber hinaus immer wieder fest, dass vielen Menschen bei negativen Eigenschaften ganz schnell Äußerlichkeiten einfallen, unter denen sie leiden. Dabei sind es gerade die unperfekten Dinge, die einen Menschen interessant machen, ob das die Zahnlücke von Madonna oder die absurd große Nase von Cyrano de Bergerac ist. Heute lassen sich solche Dinge von der Schönheitsindustrie beseitigen, doch ehrlich gesagt sollten wir unsere kleinen Unperfektheiten lieben und schätzen lernen – letztendlich sind sie es, die uns einzigartig machen. Genauso ist es mit den Charaktereigenschaften. Es ist in meinen Augen kein Makel, wenn jemand schüchtern ist. Ganz im Gegenteil, es kann sogar seinen Reiz haben, sich einem solchen

Menschen ganz langsam immer mehr anzunähern. Lernen Sie, sich anzunehmen und zu lieben, so wie Sie sind – bedingungslos.

Den inneren Kritiker erkennen

Während der Aufzeichnung all Ihrer guten und weniger guten Eigenschaften hat in Ihrem Inneren sicherlich ein reges Gespräch stattgefunden. Keine Sorge, der innere Dialog ist keine ausgewachsene Psychose, sondern etwas ganz Normales. In jedem Kopf um uns herum gibt es einen ständigen Meinungsaustausch. Dabei geht es leider oft heftig zur Sache. Wir sagen uns selbst Dinge, die wir niemals anderen an den Kopf werfen würden. Sehr viele von uns gehen äußerst hart mit sich selbst um. Da schwirren Urteile im Kopf herum wie: „Ein Zirkuszelt ist noch zu klein für deinen Hintern! Alle anderen schaffen es, eine vernünftige Figur zu behalten, nur du nicht!" oder „Jeder hat im Meeting etwas Vernünftiges gesagt, nur ich habe wieder rumgestottert, ich blödes Schaf!"

Wer ständig auf der Suche nach Fehlern bei sich ist, wird schnell fündig.

Viele Menschen gehen unglaublich hart mit sich ins Gericht, und es ist ihnen nicht einmal bewusst. Genau wie die Herabsetzungen, die wir durch andere erfahren, hinterlassen auch die Herabsetzungen durch uns selbst Verletzungen. Übrigens plappern wir dabei sehr oft Dinge nach, die man in unserer Kindheit zu uns gesagt hat, Klassiker wie: „Du hast einfach zwei linke Hände", „Aus dir wird eh nichts werden" oder „Oh Gott, die Kleine wieder!"

Manche von uns schaffen es aber auch ohne diese sogenannten elterlichen Introjekte. Über die Zeit entwickeln sie ganz eigene Vorwürfe an sich selbst, die vielleicht während der Studienzeit hilfreich waren („Warum kapierst du das nicht, wieso bist du nur so doof?"), die dann aber weitergelebt und im Lauf der Jahre noch verstärkt werden. Weil sich ein Grundgefühl breitmacht, dass man es ohne innere Strenge nicht schafft. Viele wundern sich irgendwann, dass sie ernsthafte Probleme bekommen. Aber wenn man sich ständig streng behandelt, schießt man sich damit selbst ins Knie. Ohne diese Strenge gegen sich selbst geht es viel besser!

 Mit keinem Menschen sollte man mehr Nachsicht üben als mit sich selbst.

Im Folgenden möchte ich zeigen, was passiert, wenn wir solche negativen Sätze wie ein Mantra ständig wiederholen. Der innere Kritiker ist die Stimme in uns, die alles madig macht, was wir tun, sie ist, nach Goethe zitiert, „der Geist, der stets verneint", zumindest wenn es darum geht, ob wir stolz auf uns sein können. Der innere Kritiker wird aufgepäppelt von negativen, kritischen Stimmen, die man sich im Laufe der Zeit selbst einpflanzt oder von außen eingepflanzt bekommt. Dieser Kritiker kann durch uns (bewusst) und auch über uns hinweg (unbewusst) sprechen. Er ist wie ein Virus, den wir uns einfangen und der uns mit der Zeit immer heftiger das Leben vermiest.

Leidtragender dabei ist unser inneres Kind, zu dem er einen direkten Zugang hat. Das innere Kind nennt man in der Psychologie den Teil in uns, in dem unsere Erfahrungen versammelt sind und der besonders verletzlich ist. Das innere Kind reagiert auf bestimmte Dinge, die uns aus der Vergangenheit bekannt sind. Es reagiert auf Zurückweisung mit Rückzug und Scham oder mit Angst vor Enttäuschung. Es ist sehr sensibel und den Vorhaltungen unseres inneren Kritikers schutzlos ausgeliefert.

Jeder von uns hat einen inneren Kritiker, der uns immer wieder Dinge ins Ohr flüstert, die wir direkt an unser inneres Kind weitergeben. Manchmal spricht der Kritiker auch direkt mit unserem inneren Kind.

In unserem Inneren gibt es den Kritiker, der uns ständig unter Feuer nimmt, dabei werden seine Botschaften entweder gleich an uns weitergeleitet, oder der Kritiker spricht direkt mit unserem inneren Kind, was uns in dem Moment nicht bewusst ist. Wir bemerken es vielleicht, indem wir ein komisches Gefühl im Bauch verspüren oder uns einfach nur schlecht fühlen.

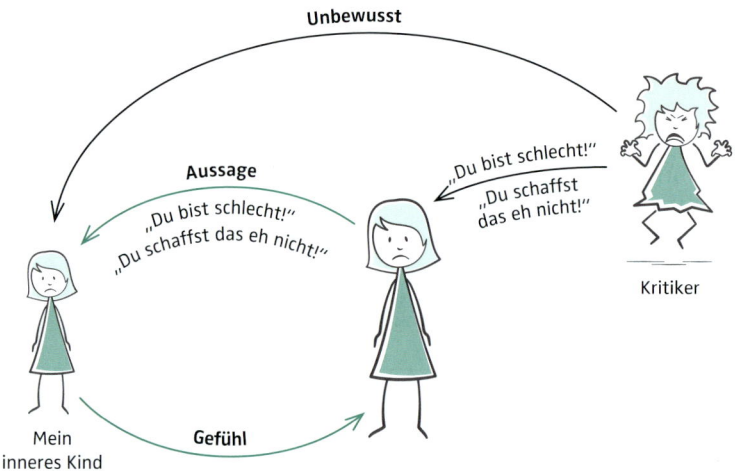

Der Kritiker kann direkt über uns hinweg, durch uns hindurch oder unbewusst über uns hinweg das innere Kind beeinflussen. So, wie sich das Kind durch diese negativen Sätze fühlt, wird es direkt an uns weitergeleitet – und so fühlen wir uns dann.

Und diese Sätze, die bei dem Kind ankommen, machen etwas mit ihm: Es fühlt sich entweder schlecht, klein, wertlos, dumm oder gut, wertvoll, verstanden, aufgebaut. Dieses Gefühl geht schnurstracks an uns zurück. Das heißt, so wie sich das Kind fühlt, so fühlen wir uns auch. Das ist ein innerer Kreislauf, den Sie sich bewusst machen sollten.

Aber kommen wir erst einmal zum Kritiker zurück. Er wurde uns wie schon gesagt irgendwann einmal von außen eingepflanzt. Seine Urteile sind oft ein Echo aus unserer Kindheit, Vorhaltungen unserer Eltern wiederholt er unser Leben lang: „Du bist einfach faul und unordentlich, nie machst du, was man dir sagt." Außerdem speist sich sein Arsenal an Vorwürfen natürlich auch aus Vorhaltungen von Freunden, Schulkameraden, Kollegen, Chefs und Partnern. Darüber hinaus wird er von den Medien und der Gesellschaft munitioniert: „Mit der Figur kannst du unmöglich an den Strand", „Diese Schrottkarre parkst du besser in einer kleinen Seitenstraße." So wie Karies an unserem Zahnschmelz, so nagt der innere Kritiker an unserer inneren Struktur, am Selbstwert, an der Selbstachtung und am Selbstbewusstsein.

In der obigen Zeichnung habe ich diesen Prozess dargestellt. Die innere Kritikerstimme sagt: „Du bist schlecht", das Ich leitet dieses Urteil ungefiltert an das innere Kind weiter, und dem kommen ganz automatisch weitere, verwandte Urteile in den Sinn, die sofort abgespult werden: „Du kannst das nicht und wirst es nie können", „Iss doch noch was, so fett wie du bist, ist es ja sowieso egal", „Alle sind toll, nur du, du bist das Letzte." So schrumpft ein erwachsener Mensch in Sekundenbruchteilen wieder zu einem hilflosen kleinen Kind.

Wichtig ist es, an dieser Stelle zu erkennen, welche Sätze in uns so automatisiert herumschwirren und was wir mit diesen Sätzen in uns anrichten. Wenn wir ein schlechtes Gefühl haben, ist vorher irgendetwas in uns schiefgelaufen.

Keine unserer Programmierungen ist so gravierend, als dass wir sie nicht wieder löschen könnten.

Um diesen Teufelskreis zu durchbrechen, lasse ich meine Klienten all die Sätze aufschreiben, die ihnen bei solch einer Gelegenheit im Kopf herumschwirren. Wenn es Ihnen genauso geht, empfehle ich Ihnen, das ebenfalls zu tun.

Nehmen Sie sich die Zeit und hören Sie hin. Hören Sie tief in sich hinein: Was ist da für ein Dialog? Was sage ich zu mir? Jetzt schreiben Sie alle Sätze auf, die Ihnen bewusst geworden sind. Wie war das, als Ihnen zuletzt ein Glas zerbrochen ist oder als Sie etwas Wichtiges vergessen haben, was hat Ihr Kritiker da gesagt?

Wenn Sie die Vorwürfe an sich aufgelistet haben, ist es Zeit für einen Perspektivenwechsel. Wie hören sich diese Vorhaltungen für einen außenstehenden Beobachter an? Schauen Sie auf Ihren Zettel und lassen Sie Ihre Sätze einen Moment wirken. Wie würden Sie diesen Menschen, der solche Dinge sagt, wohl beschreiben? Von meinen Klienten höre ich dann oft: abwertend, niedermachend, gemein, manchmal sogar vernichtend. Schreiben Sie ruhig darunter, was Sie dabei empfinden – umso plakativer, desto bewusster kann es werden.

Was kann man tun, um diese harsche Kritik zu entschärfen? Sie kennen das Phänomen vielleicht auch: Wenn wir es mit einem Menschen zu tun haben, von dem wir kein richtiges Bild haben, neigen wir oft dazu, rücksichtsloser zu sein als bei einer Person, die uns vertrauter ist. Denken Sie an den Callcenter-Mitarbeiter, der Sie aus dem Mittagsschlaf gerissen hat. Dem sagen Sie vermutlich unverblümter die Meinung, als Sie das bei einem Freund oder einer Kollegin tun würden. Der Callcenter-Mitarbeiter ist eben nur eine Stimme am Telefon. Darum ist es wahnsinnig wichtig, dass wir uns ein konkretes Bild davon machen, wie der Kritiker eigentlich aussieht.

Das innere Kind gut behandeln

Viel wichtiger ist aber, wen wir da gerade ansprechen: unser inneres Kind. Es muss sich Sachen anhören, die Sie sonst niemandem sagen würden. Machen Sie dazu folgende Übung.

Fangen Sie als Erstes damit an, sich Ihr inneres Kind vorzustellen. Das können Sie mit geschlossenen Augen im Inneren oder im Außen tun, als ob das Kind vor Ihnen säße. Visualisieren Sie sich selbst in ganz jungen Jahren. Schauen Sie genau hin! Was hat der kleine Alexander an, hat die kleine Sophie Zöpfe, was für ein Kleidchen hat sie an? Machen Sie sich ein ganz genaues Bild von Ihrem jüngeren Ich.

Und wenn dieses Bild vor Ihrem inneren Auge Gestalt angenommen hat, wiederholen Sie die Sätze, die Sie vorhin auf den Zettel geschrieben haben. Sagen Sie Ihrem inneren Kind, dass es zu blöd ist oder es eh nicht schaffen wird oder dass es zu fett geworden ist. Dann beobachten Sie es. Wie geht es Ihrem inneren Kind? Schreiben Sie sich das auf. Dann wird es noch plakativer.

Wenn ich meine Klienten zu dieser Übung auffordere, ist die Reaktion jedes Mal aufs Neue verblüffend. Bei Sätzen, die ihnen Minuten zuvor noch flüssig über die Lippen gesprudelt sind, geraten sie ins Stottern. Jetzt wird ihnen erst bewusst, was diese Vorwürfe anrichten. Sie erkennen, wie das Kind in ihnen verletzt wird, wie es traurig ist und sich zurückzieht, weil es sich klein fühlt und keiner da ist, der ihm hilft und der es stützt.

Gehen Sie sorgsam mit Ihrem inneren Kind um, es ist ein lebendiger Teil von Ihnen.

Wer dauernd auf seinem inneren Kind herumhackt, schadet sich selber und muss sich nicht wundern, wenn die Psyche Probleme macht. Das innere Kind ist zeitlebens ein bedeutender Teil von uns und sollte gut behandelt werden, denn unser Selbstbild hängt in großen Teilen davon ab, wie es um das Selbstbild unseres inneren Kindes bestellt ist.

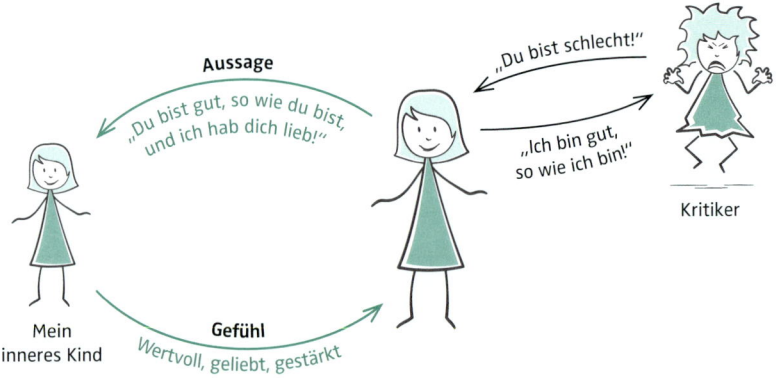

Liebevolle Sätze bauen das innere Kind auf und stärken es – und genauso werden Sie sich dann auch fühlen.

Den inneren Kritiker zum Schweigen bringen

Wie schaffen Sie es nun, diesen inneren Kritiker im Zaum zu halten? Es gibt zwei Herangehensweisen. Die eine ist, ihn zu beruhigen und ihn sich zum Freund zu machen. Darauf komme ich später noch zurück. Die erste Strategie ist: Stärken Sie Ihr inneres Kind. Es ist Ihre Aufgabe, dass es Ihrem inneren Kind gut geht, denn dann wird es auch Ihnen gut gehen. Und nur Sie selbst können das leisten. Also: Päppeln Sie es hoch! Unterstützen Sie es, wo Sie können, stärken Sie es und bauen Sie es auf. Wirft der Kritiker uns vor, zu dick zu sein, versichern wir selbst unserem inneren Kind, dass wir es liebhaben und dass ein paar Kilo zu viel nichts daran ändern können. Wir müssen ihm klarmachen, dass wir es rückhaltlos lieben, so wie es ist, mit allem, was vielleicht nicht so perfekt ist, mit sämtlichen kleinen Macken und Webfehlern.

Viele Klienten erzählen mir, dass sie in Gedanken ihre Miniausgabe in den Arm nehmen und dabei zum ersten Mal eine tiefe Zuneigung zu sich selbst erleben. Der Dialog mit dem inneren Kind kann eine Kraftquelle sein, mit deren Hilfe man sich selbst von innen heraus stärkt und aufbaut. Unser inneres Kind musste im Laufe der Zeit sehr viel erdulden, gönnen wir ihm also Zuwendung und Geborgenheit. Wenn es von uns gemocht wird, ist es der erste Schritt dazu, dass wir uns mögen und erkennen, dass wir so, wie wir sind, perfekt sind.

Jetzt gehen wir mit dem inneren Kritiker direkt in Kontakt: eine Methode, um den ständigen negativen, druckmachenden Dialog in sich zu beruhigen.

Manche Klienten sagen mir, sie könnten dem Kind nicht sagen, dass es schön ist, wenn sie es doch als zu dick empfinden. Das höre sich an wie eine Lüge. Natürlich sollen Sie nicht total realitätsfern mit sich umgehen. So könnten Sie zum Beispiel auch sagen: „Ja, du hast nicht die tollste Figur auf diesem Planeten, aber ich hab dich trotzdem lieb, so wie du bist. Und es ist okay, wenn du heute den Kuchen genießt, aber morgen stellen wir uns mal im Sportclub um die Ecke vor, das wird uns bestimmt guttun. Und wenn das nichts für uns ist, dann probieren wir Yoga oder Tai Chi. Wir werden schon noch das Richtige für uns finden, was zu uns passt und uns und unserer Figur guttut."

 Wir müssen mit all unseren Seiten verständnisvoll umgehen.

Eine zweite Strategie ist es, sich den inneren Kritiker zum Freund zu machen. Meine Klienten gewinnen oft Freude daran, ihren inneren Kritiker zu visualisieren. Eine belesene Klientin nannte ihn mal ihren kleinen Reich-Ranicki, denn so wie der berühmte Literaturpapst poltert auch ihre innere Stimme oftmals los. Für andere ist es der kleine Gollum aus „Herr der Ringe" oder ein kleiner Giftzwerg, der immer an allem etwas auszusetzen hat. Wenn er ungebremst in uns wütet, wächst er unaufhaltsam weiter und wird immer größer. Da wir es gewohnt sind und uns keinerlei Gedanken über diesen Teil in uns machen, bekommt er ungestört immer mehr Raum, um sich voll und ganz weiter zu entfalten – und immer gnadenloser auf das kleine unschuldige Kind in uns einzuprügeln.

Um ihn zur Vernunft zu bringen, müssen Sie ihn als Erstes einfach nur wahrnehmen und mit ihm in Kontakt treten, indem Sie ihn in ein vernünftiges Gespräch verwickeln. Wenn wieder so ein Satz in Ihrem Kopf ertönt: „Ha, das war ja klar, dass du auch das vermasselst, nichts kannst du richtig machen!", dann können Sie darauf eingehen und nachfragen, was er genau meint.

Damit führen Sie ihn aufs Glatteis, denn der Kritiker ist nur gut, wenn es darum geht, ein paar Allgemeinplätze aus der Hüfte abzuschießen. Sobald Sie jedoch ins Detail gehen und Fragen an den Kritiker richten wie: „Was hätte ich deiner Meinung nach besser machen können?", wird er sich schon überlegen, ob er beim nächsten Mal gleich wieder lospoltert.

Vor allem muss der Kritiker das Gefühl haben, gesehen und gehört zu werden. Allein das lässt ihn schon moderater werden. Gehen Sie mit ihm in Kontakt und reden Sie mit ihm. Machen Sie ihn zu Ihrem Freund, zu Ihrem Begleiter. Denn ganz vertreiben wollen Sie ihn ja auch nicht, denn von Zeit zu Zeit kann er Sie auch vor manchem Unsinn bewahren. Eine kritische Seite in uns ist überlebenswichtig. Aber sie sollte nicht zu kritisch über uns richten, sondern uns vielmehr unterstützen.

Der innere Kritiker kann manchmal ganz schön schwächend sein.
Hören Sie genau hin: Was sagt er ihnen?

Auch der schlimmste Nörgler lässt sich zum Freund machen,
wenn man ihm Aufmerksamkeit schenkt.

Ein wichtiger Schritt aus der Perfektionsfalle ist es, sein Inneres gründlich unter die Lupe zu nehmen. Wenn Sie erkennen, wie Ihre Gefühle entstehen und womit ihre Entstehung zusammenhängt, dann haben Sie die Stellschrauben gefunden, mit denen Sie etwas verändern können. Und wenn Ihr Inneres im Einklang ist, fühlen Sie sich perfekt, so wie Sie sind, sogar mit all den Dingen, die womöglich vorerst noch nicht so perfekt erscheinen mögen.

Zunächst beobachten Sie sich mal eine Zeit. Hören Sie in sich hinein und notieren Sie ruhig die Sätze, die Sie zu sich sagen. Besonders spannend ist, wie Sie ein Missgeschick kommentieren, wenn Sie zum Beispiel etwas kaputt machen oder im Job etwas unrund läuft. Und dann versuchen Sie, die Kritikmantras langsam zu verändern.

Ein Klient sagte immer, wenn er etwas umstieß, zu sich: „Du elender Dummdepp, zu nichts und wieder nichts nutze bist du." Das sind Sätze, die es zu identifizieren und zu verändern gilt. Lernen Sie einen neuen Umgangston mit sich. Das bedarf der Übung, damit er Schritt für Schritt in Ihrem Gehirn gespeichert wird. Dabei dürfen Ihre neuen Sätze ruhig ein wenig ironisch sein: Der Mann, der sich selbst einen Dummdepp schimpfte, sagt heute: „Bravo Maestro, das war wieder ganz großes Kino", und muss dabei jedes Mal lachen. Und das ist doch viel wohltuender, als eine solche Lappalie mit einer Standpauke zu quittieren.

Wenn Schwierigkeiten auftauchen

Vorhin haben Sie eine Blase gezeichnet, die alle die Eigenschaften, die Sie auszeichnen und einzigartig machen, repräsentiert. Sehen Sie sie sich noch einmal an! Sich selbst mit all seinen Facetten wahrzunehmen ist eine Kunst, die man langsam erlernen muss. Versuchen Sie dabei ruhig, sich in Ihrer schillernden Seifenblase, die so etwas wie Ihre persönliche Welt ist, vorzustellen. Sie sind also wieder in Ihrer Blase, und von dort aus können Sie die anderen in Ihren Blasen wahrnehmen. So ziehen Sie sich immer wieder zu sich selbst oder in sich selbst zurück. Spüren Sie sich und Ihre innere Welt.

Sich selbst wahrnehmen zu können, ist das Geheimnis eines glücklichen Lebens.

Nicht immer klappt das reibungslos. Aber auch Schwierigkeiten wie alte Gewohnheiten, Selbstzweifel, mangelnder Mut und anderes lassen sich meistern, wenn Sie es langsam angehen lassen und Ihr inneres Kind nicht aus den Augen verlieren.

Gewohnheiten Der Mensch wird von seinen Gewohnheiten bestimmt. Am liebsten erledigt er alles auf die gleiche Art und Weise, wie er das schon immer gemacht hat. Bestimmte Verhaltensmuster haben sich ganz tief in unsere Gehirnwindungen eingefräst. Man spricht hier auch von Mustern. Um diese Muster zu verändern, muss man ihnen erst einmal auf die Schliche kommen, erst dann kann man sie nach und nach verändern. Machen Sie es einfach mal anders als sonst und achten Sie darauf, welche Blockierungen sich womöglich melden. Tauchen tatsächlich welche auf, sollten Sie diese hinterfragen: Was hält mich davon ab, es mal anders zu machen? Ist es die Angst vor dem Neuen? Oder die Unsicherheit, es könnte schiefgehen? Oder ist es einfach nur ungewohnt?

Experimentieren Sie mit neuen Dingen, bringen Sie sich an Grenzen und spielen Sie damit. Und lassen Sie sich von sich selbst überraschen!

Selbstzweifel Viele von uns zweifeln ein Leben lang an sich selbst. Die Wurzeln dieser Selbstzweifel liegen meist in der Kindheit begründet. Hier zeigen uns die Eltern immer wieder Grenzen auf, die wir ihrer Meinung nach nicht überschreiten können oder sollen.

Und die Zweifel unserer Eltern machen wir zu unseren eigenen Zweifeln, so wie zuvor unsere Eltern das getan haben. Ganz besonders Mädchen werden dazu erzogen, sich nur nicht zu viel zuzutrauen und nicht zu übermütig zu sein.

Um diese tief verankerten Zweifel an uns selbst wieder loszuwerden, ist eine Menge Arbeit nötig, zumal sie ja immer wieder neue Nahrung finden. Wenn etwas schiefläuft, dann ist da gleich diese kritische Stimme in uns, die sagt: „Siehst du, das war doch klar, das konnte ja nicht klappen!" Und solange diese Stimmen laut werden, bleibt die Unzufriedenheit da. Wir halten uns für nicht perfekt und stellen uns selbst infrage. Viele weichen dem Konflikt dann aus und sagen: „Das meiste kann ich sowieso nicht gut, also stürze ich mich jetzt auf die eine Sache, die ich kann, und konzentriere mich nur noch darauf." Und so gehen alle anderen Facetten der Persönlichkeit nach und nach über Bord.

Gönnen wir den anderen ihre Stärken!

Jeder von uns hat seine Schwächen, an manchen kann man arbeiten, andere wird man vielleicht nie ablegen können. Das muss man auch gar nicht. Lernen Sie, sie als Teil Ihrer Persönlichkeit anzunehmen und das Beste daraus zu machen. Außerdem sind die Menschen bei der Beurteilung von Schwächen ganz unterschiedlich. Was der eine als Schwäche ansieht, kann ein anderer auch als Stärke empfinden.

Stärken und Schwächen beruhen fast immer auf Vergleichen. Weil jemand anderes etwas besonders gut kann, glauben wir selbst, nicht so gut zu sein. Dabei ist das ja immer nur eine Facette einer Persönlichkeit. Die Sportskanone, die uns ständig im Stadtpark beim Joggen überrundet, kann mit Sicherheit einige Dinge nicht, die für uns ein Klacks sind. Grundsätzlich sehen wir uns in unserer Gesellschaft leider ständig im Wettbewerb: Wenn jemand etwas Tolles gemacht hat, will man das selbst auch. Und wenn man es nicht schafft, stellt man sich leicht selbst infrage.

Mangelnder Mut Ich erlebe in meiner Praxis ständig Menschen, die sich in einem Zustand der Schockstarre befinden. Sie halten es in einem unerträglichen Job oder in einer unmöglichen Beziehung aus, weil sie Angst haben, „vom Regen in die Traufe zu kommen". Der Sprung ins kalte Wasser, also ins Unbekannte, erfüllt viele mit so viel Angst, dass sie lieber bleiben, wo sie sind, egal wie unerträglich es da gerade ist. Je länger jemand in einem Job oder einer Beziehung ist, desto schwerer fällt ihm meiner Erfahrung nach der Absprung. Wenn jemand dann doch etwas verändert, ist die Erleichterung meist riesengroß, und wenn die Sache dann doch einen unangenehmen Beigeschmack hat, dann nur deswegen, weil man sich die Frage stellen muss, warum man das nicht schon früher gemacht hat.

Wenn Sie nicht sicher sind, ob es Zeit für Veränderungen ist, fragen Sie sich: „Lebe ich mein Leben? Oder werde ich gelebt?" Damit meine ich nicht nur, ob Sie sich vom Außen abhängig machen, sondern auch von Ihren Gefühlen. Bestimmt ständige Angst Ihr Leben? Oder können Sie Ihrer Angst auch sagen, dass Sie jetzt trotzdem etwas Neues wagen, selbst wenn Sie das verunsichert? Dazu müssen Sie mit der Angst in sich in Kontakt gehen und herausfinden, was sie so groß macht. Ist das Wasser wirklich so kalt, wie Sie befürchten, oder kann ein mutiger Sprung die Befreiung sein?

Mut macht sich immer bezahlt.

Angst vor Leere Wenn man etwas aufhört, das eine wichtige Rolle im Leben eingenommen hat, muss etwas anderes an seine Stelle treten. Ich hatte einen ehemaligen Extremsportler als Klienten, bei dem es nach einer Knie-OP vorbei war mit den Marathonläufen. Er fiel daraufhin in ein tiefes Loch, nahm zu und entwickelte mit der Zeit eine ernstzunehmende Depression, auch weil es im Job nicht nach Wunsch lief. Also überlegten wir gemeinsam, wie er die vorhandene Zeit sinnvoller nutzen könnte. Statt seiner Oberschenkel trainiert er nun seine grauen Zellen und absolviert ein Fernstudium zum Psychologen. Mit der neuen Herausforderung verschwanden die Depressionen, und er musste auch keine innere Leere mehr mit Bier und Junkfood auf dem Sofa zuschütten.

Für den Sportler gab es aufgrund seines kaputten Knies keine Möglichkeit, als sich etwas anderes zu suchen. Bei vielen anderen ist diese Gefahr schon größer, etwa bei Rauchern, die sich ihr Laster eigentlich abgewöhnt haben. Wie oft erlebe ich es auch, dass Menschen plötzlich zu Partnern zurückkehren, die ihnen nicht gutgetan haben und auch immer noch nicht guttun. Ein Problem dabei ist, dass sich unser Gedächtnis im Nachhinein immer nur an die schönen Dinge erinnert, und dann ist da plötzlich diese Stimme: „Sei nicht so streng mit dir, noch eine Zigarette …" oder „Es war doch eigentlich ganz schön mit ihm …" Und, schwupps, ist man wieder in einem Film, von dem man eigentlich schon den Abspann gesehen hatte. Aber wir wissen doch alle: Die Fortsetzungen kommen meist nicht an das Original heran (ja, ich weiß, der „Pate 2" ist eine Ausnahme, aber die bestätigt bekanntermaßen die Regel).

Eine Klientin berichtete von einer großen Leere in ihrem Leben. Zum ersten Mal lebte sie in einer eigenen Wohnung, worauf sie sich eigentlich sehr gefreut hatte. Sie war nach einer langen Beziehung Single, zum ersten Mal überhaupt, seit sie bei ihren Eltern ausgezogen war. Endlich konnte sie die Wohnungstür hinter sich ins Schloss fallen lassen und tun, was sie wollte, sie musste niemandem Rechenschaft ablegen. Sie war sogar in der glücklichen Lage, als Freiberuflerin spontan in Urlaub fahren zu können. Aber sie tat es nicht. Es schlich sich bei ihr immer mehr ein Gefühl der Lust- und Antriebslosigkeit ein. Nach und nach ließ sie alle Aktivitäten schleifen und konnte sich bald nicht einmal mehr überwinden, joggen zu gehen, was ihr doch so Spaß gemacht hatte. Nicht selten hatte sie ihre Single-Freundinnen beneidet, doch jetzt, als sie in der gleichen Situation war, gelang es ihr einfach nicht, den freigewordenen Raum zu füllen. Jahrelang war sie in ihrer Beziehung fest eingespannt gewesen und hatte immer weniger Zeit gefunden, sich über ihre eigenen Wünsche und Bedürfnisse klarzuwerden, und sich so ganz aus den Augen verloren. Nun war da diese bedrohliche Leere. Sie sah nicht die vielen wunderbaren Möglichkeiten, die ihr die neue Situation zu bieten hatte.

Mit Hilfe der Blasentechnik konnte die Klientin ihre Situation aus einer ganz neuen Perspektive betrachten und entdeckte so den Reiz und die Möglichkeiten. Sie füllte das Bild von ihrer Blase, wurde sich so ihrer Wünsche wieder bewusst und blühte auf. Nach einer Zeit erreichte mich ein Anruf von der italienischen Stiefelspitze: Sie war ganz spontan nach Rom aufgebrochen und hatte dort ein paar Leute kennengelernt, mit denen sie nun das Land erkundete.

Haben Sie keine Angst vor der Leere: Sie ist der Raum, in dem Neues entsteht.

Widerstand Unser Umfeld hat uns so liebgewonnen, wie wir sind. Wenn es nicht zu unseren Angewohnheiten gehört, auf Partys betrunken herumzukrakeelen und die Gäste zu beleidigen, dann möchte unser Umfeld uns weiterhin so haben, wie es uns kennengelernt hat. Aber wenn sich etwas ändert, kann es auch Widerstand geben. Zum Beispiel müssen die ersten Raucher aus der Clique, die mit der Qualmerei Schluss gemacht haben, einiges ausstehen. Ihr Verhalten kann für richtige Unruhe sorgen: Die verbliebenen Raucher haben plötzlich Angst, andere könnten dem Beispiel folgen und sie würden demnächst mutterseelenallein mit ihrem Glimmstängel vor der Kneipe stehen. Auf noch mehr Widerwillen stoßen Menschen, die plötzlich auf Alkohol verzichten, egal ob für eine kurze Zeit oder für immer. Manch einer fühlt sich durch ein solches Verhalten geradezu persönlich angegriffen.

Und teilweise gibt es dafür auch einen Anlass. Denn wer eine schlechte Angewohnheit abgelegt hat, erzählt oft auch ausführlich davon, wie viel besser es ihm doch geht. Ganz besonders beobachten kann man das bei Leuten, die ihr Essverhalten geändert haben. Darum ist es wichtig, dass Sie nicht andere bekehren, sondern sich vielmehr offen austauschen und nur für sich sprechen, warum Sie diese Entscheidung getroffen haben. Überspitzt gesagt: Versuchen Sie nicht, gleich auch noch alle anderen dazu zu überreden, von filterlosen Zigaretten auf glutenfreie Tofuschnitzel umzusteigen – das muss jedem selbst überlassen bleiben, und dann macht sich auch nicht allzu viel Widerstand von außen bemerkbar.

Aber Sie können auch selbst Widerstand leisten, auch wenn das vielleicht starke persönliche Veränderungen bedeutet. Es gibt Phasen im Leben, in denen man feststellt, dass bestimmte Menschen einem nicht guttun, und dann ist es Zeit, sich von ihnen zu lösen. Eine Klientin von mir wurde von ihren Freundinnen fast an den Rand des Ruins gebracht. Auch wenn sie wussten, dass sie finanziell nicht gerade auf Rosen gebettet war, wurden immer wieder gemeinsame Wochenendaktivitäten geplant, die eine Menge Geld verschlangen. Meine Klientin wollte nicht zurückstecken, überzog ihr Konto und nahm Kredite auf, um mithalten zu können. Dabei setzte sie das natürlich wahnsinnig unter Druck.

Nachdem wir ausführlich darüber gesprochen hatten, erklärte meine Klientin ihren Freundinnen, wie es ihr ging: Sie stand das erste Mal in ihrem Leben zu sich, und das tat ihr sehr gut. Da sie auf wenig Verständnis traf, beschloss sie, sich einen neuen Freundeskreis aufzubauen. Mit ihren neuen Freundinnen geht sie jetzt gerne aus, im Sommer ziehen sie mit Salaten bewaffnet in den Biergarten und im Winter kochen sie meist reihum zu Hause. Ein solcher Bruch ist das Risiko, das man eingeht, wenn man sich so zeigt, wie man ist. Aber es lohnt sich: Meine Klientin hat auf dem Weg zu sich zurückgefunden und kann in ihrem neuen Kreis so sein, wie sie wirklich ist.

 Machen Sie aus Ihrem Herzen keine Mördergrube, besonders nicht gegenüber Freunden und Partnern.

Die äußere Ebene: Welche Rolle spielen die anderen?

Nachdem Sie sich von allen Seiten beleuchtet haben, wenden Sie den Blick jetzt nach außen. Denken Sie an die Personen, die in Ihrem Umfeld eine wichtige Rolle spielen: Familie, Freundeskreis, Kollegen und natürlich Partner oder Partnerin. Platzieren Sie sie nach ihrer Wichtigkeit: Wer steht Ihnen besonders nahe, wer übt aus der Ferne einen Einfluss auf Sie aus? Letzteres sind zumeist Familienmitglieder. Es dürfen übrigens auch Verstorbene miteinbezogen werden, denn gerade die üben oft einen großen Einfluss auf unser Verhalten aus.

Doch zunächst einmal ist der Sinn dieses Teils der Übung zu visualisieren, dass jeder der Menschen, die uns umgeben, in seiner ganz eigenen Blase lebt, die genauso schillernd und facettenreich ist wie unsere eigene. Und so sieht er die Welt aus seiner Perspektive, sein Blick wird dabei womöglich von ganz anderen Faktoren geprägt als unserer, er bewertet auch Sie nach ganz anderen Maßstäben.

Um mit sich selbst immer und überall im Einklang zu bleiben, muss man die Kunst beherrschen, sich von den Menschen, die uns umgeben, abgrenzen zu können. Darum ist es so wichtig, einen genauen Blick nicht nur auf die innere, sondern auch die äußere Ebene zu werfen.

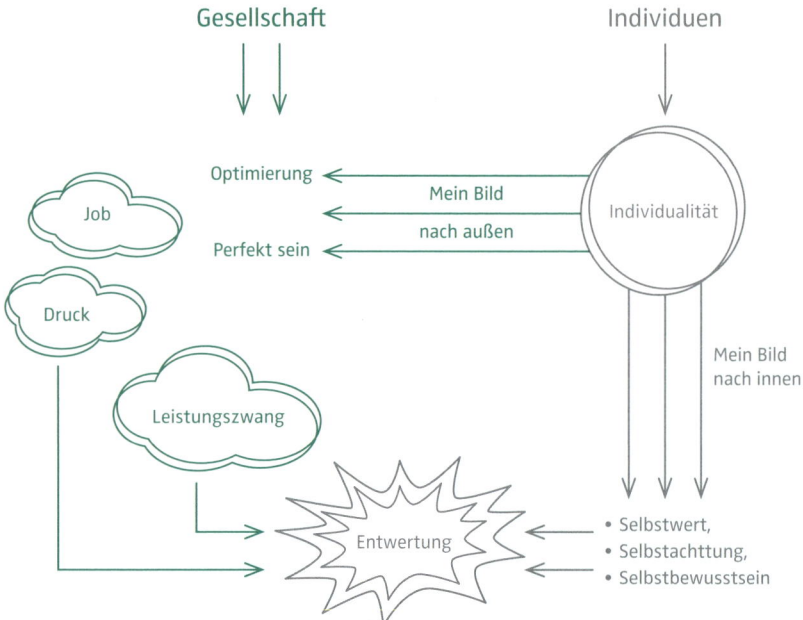

Schauen wir uns nochmals die Begrifflichkeiten, die bei der Selbstfindung eine Rolle spielen, an: Jetzt geht es um das Außen.

Betrachten Sie zunächst das Anfangsbild. Darauf erkennen Sie, dass der Wunsch, perfekt zu sein, sehr viel mit dem Außen zu tun hat. Ich gehe sogar so weit zu sagen, der Wunsch würde ohne das Außen gar nicht bestehen. Gäbe es das Außen nicht, bräuchten wir nur in uns hineinzuhören und uns zu fragen: „Was würde mir gerade jetzt guttun?" So würden wir uns von unseren eigenen Wünschen und Bedürfnissen leiten lassen, und nicht von den tatsächlichen oder auch nur vermeintlichen Erwartungen anderer. Wir wollen vor allem deshalb perfekt sein, weil wir uns Anerkennung von außen versprechen.

Das Ich und die anderen

Weil ein Leben ohne äußere Einflüsse auf Dauer aber ganz schön langweilig wäre, wollen wir uns natürlich nicht in die Einsamkeit zurückziehen. Der Mensch ist nun mal ein Herdentier, Einsamkeit macht jeden von uns früher oder später mürbe. Andere Menschen sind eben auch ein Spiegel, in dem wir uns erkennen können, wenn wir richtig hinsehen. Natürlich tut uns auch das Lob gut, das wir aus unserem Umfeld erhalten, wie wir schon besprochen haben. Doch das sollte nicht nur von außen kommen, wir sollten vielmehr lernen, uns selbst loben zu können – beispielsweise auch dafür, dass wir nicht immer den Erwartungen von außen entsprechen.

Eigenlob stinkt nicht, ganz im Gegenteil.

Viele Menschen sind in erster Linie damit beschäftigt, ihre Umgebung zufriedenzustellen, ihre Familie, ihren Partner, ihren Chef, ihre Kollegen, ihre Freunde und die Nachbarn noch obendrauf. Je mehr Menschen wir es recht machen wollen, desto mehr geraten wir mit unseren eigenen Wünschen und Bedürfnissen ins Hintertreffen. Im schlimmsten Fall nehmen wir uns selbst kaum noch wahr.

Hier lohnt es sich, genauer hinzuschauen. Mit Hilfe der Blasentechnik können Sie nicht nur sich selbst besser wahrnehmen, sondern auch einen gesunden Abstand zum Außen bekommen. Sie erkennen, dass das Außen seine eigene Motivation und Dynamik hat. Sie lernen, immer bei sich zu bleiben und Ihren eigenen Bedürfnissen zu folgen.

Zeichnen Sie die Menschen aus Ihrem Umfeld auf, das können für Sie wichtige Menschen sein oder einfach nur Menschen, die Sie nicht kennen.

Jetzt stellen Sie sich alle, die Ihnen begegnen, in ihrer Blase vor.

Wann und wo immer Ihnen andere Menschen nahekommen, sollten Sie versuchen, sie mit ihrer gesamten Blase wahrzunehmen. Werden Sie sich klar, welche Faktoren ihr Handeln bestimmen, was sie geprägt hat und wie sie deshalb die Welt sehen. Eine Frau in meinem privaten Umfeld ist immer wahnsinnig perfekt gekleidet, sie legt größten Wert auf sehr teure Marken, weil sie in ihrer Kindheit nie teure Sachen haben durfte. Auch wenn ich sie immer sehr stylish finde, würde ich nie auf die Idee kommen, mit ihr wetteifern zu wollen, auch weil ich weiß, was der Grund für ihr Markenfaible ist.

Jeder lebt in seiner eigenen Blase.

Versuchen Sie einmal, alle Menschen in deren eigenen Blasen zu sehen. Gehen Sie durch die Stadt oder setzen Sie sich in ein Café und versuchen Sie die Passanten in ihren Blasen wahrzunehmen. Dabei können Sie richtig kreativ werden: Stellen Sie sich einfach mal vor, in was für Welten diese fremden Menschen zu Hause sind und was dort gerade los ist. Wirkt die Kellnerin heute etwas müde? Vielleicht geht es bei ihr gerade drunter und drüber. Ob sie wohl für die Uni büffelt, oder hat sie sich womöglich von ihrem Freund getrennt? Plötzlich entfaltet sich vor unserem inneren Auge eine eigene kleine Welt.

Natürlich kann es ganz andere Gründe haben, dass die Kellnerin so einen müden Eindruck macht. Aber darauf kommt es nicht an. Es ist wichtig, die anderen in ihrer Welt wahrzunehmen, um einen Abstand zu haben, denn wir neigen oft dazu, die Verhaltensweisen anderer auf uns zu beziehen: Wenn die Kellnerin müde ist, denken wir leicht, sie bringt uns gegenüber ihr Desinteresse zum Ausdruck.

Das Ganze sollten Sie auch mit Menschen aus Ihrer näheren Umgebung einmal durchspielen: aus Ihrer Familie, Ihrem Job oder Freundeskreis.

Betrachten Sie diese in ihrer Blase und lassen Sie die Bilder auf sich wirken. Nehmen Sie die Personen mit ihrer Blase wahr. Dieses neue Bild kann ganz unterschiedliche Gefühle auslösen. Womöglich fühlen Sie sich von dem einen oder anderen Menschen nicht mehr so bedrängt, vielleicht sehen Sie ihn grundsätzlich anders, weil Sie ein Gespür für dessen besondere Motive bekommen und erkennen, dass sie gar nichts mit Ihnen selbst zu tun haben.

Ergänzen Sie bei den Personen Dinge, die in deren Leben eine wichtige Rolle spielen.

Im nächsten Schritt treten Sie mit einzelnen Personen aus Ihrem Umfeld in Kontakt. Dazu verbinden Sie einfach Ihre Blase mit der des anderen.

Meist sind Sie mit einzelnen Personen in Kontakt, aber auch mit mehreren ist möglich.

Die Blasentechnik hilft Ihnen, sich selbst und andere besser zu verstehen. Für ein ausgewogenes Miteinander ist es wichtig, immer einen gesunden inneren Abstand zu den Menschen um sich herum zu fühlen. Wenn wir diesen Abstand einhalten, müssen wir Dinge nicht mehr so persönlich nehmen. Wenn der Chef also mal wieder schlechte Laune hat, dann hat das sehr wahrscheinlich überhaupt nichts mit uns zu tun. Vielleicht steht er selbst dermaßen unter Druck, dass er gar nicht anders reagieren kann. Die Ursache liegt dann irgendwo in seiner Blase – und Sie können das Thema bei ihm lassen und brauchen es sich nicht überzustülpen.

Wenn Sie in der Arbeit etwas falsch gemacht haben, würde ein Chef, der in sich ruht und mit sich und seinem Leben zufrieden ist, nie auf Sie losgehen und Sie anschreien. Die Schrei-Chefs leben meist in ihrer unglücklichen Welt, wo einiges im Argen liegt, und brauchen ein Ventil, um mal Dampf abzulassen. Was natürlich kein Mitarbeiter verdient hat! Auch wenn wir solche Menschen kaum ändern können: Ihr Verhalten wird erträglicher, wenn wir uns bewusst machen, dass wir nicht die Ursache dafür sind.

 Streben Sie ein harmonisches Hin und Her zwischen Ihrem Inneren und den Menschen in Ihrem Umfeld an.

Was wir anstreben sollten, ist ein harmonisches Hin und Her zwischen unserem Inneren und den Menschen in unserem unmittelbaren Umfeld. Das lässt sich am besten mit einem Unendlichkeitszeichen visualisieren, das unsere Innenwelt mit der Außenwelt verbindet.

Innenwelt   Außenwelt

*So ist es genau richtig: Wir haben Raum, um uns in unserer Blase zu entfalten,
sind aber trotzdem im Austausch mit anderen. Ein harmonisches Hin und Her.*

Das Ziel ist es, allem genug Raum zu geben, dem Fühlen nach innen
und dem Wahrnehmen des Außen. Nehmen Sie sich selbst wahr,
erkennen Sie Ihre Gefühle und Bedürfnisse genau wie die der anderen. Man sollte sich niemals auf Vermutungen darüber einlassen,
was die anderen wohl von einem erwarten. Viel besser ist es, sie
direkt danach zu fragen. Damit verdeutlichen Sie auch noch Ihr ech-
tes Interesse an den anderen.

Bei sich bleiben ist die Basis für einen funktionierenden Austausch.

In Harmonie mit dem Außen

Je höher der Stellenwert ist, den wir den Wünschen und Erwartungen der anderen geben, desto leichter geraten wir in einen inneren

Konflikt mit uns selbst. Wir denken dann vielleicht, die anderen wollten uns anders haben, als wir sind, erfolgreicher, dünner, sportlicher, schöner, was auch immer. Dabei ist das in den allermeisten Fällen gar nicht wahr.

Eine Frau erzählte mir, dass ihr Mann immer so einsilbig sei, wenn sie sich abends sähen, und sie äußerte den Verdacht, dass es daran liegen könne, dass sie immer fülliger werde. Auf die Idee, dass seine Einsilbigkeit von einem stressigen Projekt herrühren könnte, kam sie gar nicht. Deshalb ist es so wichtig, immer offen zu kommunizieren. Wie das am besten funktioniert, dazu später mehr.

Hier sieht man, was passiert, wenn es wichtiger ist, die Außenwelt zu bedienen und man dabei seine eigenen Bedürfnisse in den Hintergrund stellt.

Wenn es wichtiger ist, die Außenwelt zu bedienen und seine eigenen Bedürfnisse in den Hintergrund zu stellen, schieben Sie Ihre eigenen Wünsche immer wieder nach hinten. Gleichzeitig sagen Sie Ihrem inneren Kind: „Nein, das musst du jetzt aushalten!", „Stell dich nicht so an, das wird schon nicht so schlimm" oder „Wenn du das tust, was die anderen wollen, dann werden sie dich mögen!"

Was passiert in so einem Fall? Man wertschätzt, achtet seine eigenen Wünsche nicht. Sie werden immer wieder verneint, bis sie vielleicht gar nicht mehr da sind. Manche meiner Klienten wissen nicht einmal mehr, was sie eigentlich für Bedürfnisse haben. Sie haben ihr Inneres so lange ignoriert, dass sie verlernt haben, sich zu spüren. Und wie es dem inneren Kind dabei geht, kann man sich vorstellen: Es fühlt sich zurückgesetzt, klein und traut sich nichts zu sagen. Und so entstehen innere Konflikte, die auf die Gesundheit schlagen. Denn wer besonderen Wert darauf legt, anderen zu gefallen, bleibt dabei selbst ganz schnell auf der Strecke.

Je mehr ich meine Bedürfnisse verneine, um die Wünsche der anderen zu erfüllen, desto mehr kommt mein Inneres in Konflikt.

Stehen Sie zu Ihren Wünschen und Bedürfnissen – es lohnt sich!

Gutes Gleichgewicht

Ein Leben im Einklang mit sich und mit den anderen: Ich nehme mich mit meinen Wünschen voll und ganz ernst und vertrete diese auch nach außen. Dabei bin ich offen für einen harmonischen Austausch mit meiner Außenwelt.

Auf der letzten Abbildung mit dem Unendlichkeitszeichen sehen Sie den Idealzustand. Hier sind die Voraussetzungen für ein harmonisches Hin und Her gegeben. Sie geben Ihren Wünschen und Bedürfnissen genug Raum und können gleichzeitig die Botschaften der anderen aufnehmen. Jeder darf so sein, wie er wirklich ist, und nicht, wie andere ihn vielleicht haben möchten.

Jeder darf mit seinen Bedürfnissen voll und ganz da sein.

Anerkennung bei sich selbst suchen

Ganz tief in jedem von uns verankert ist der Wunsch nach Anerkennung. Viele Menschen versuchen diese Anerkennung zu erhalten, indem sie sich bemühen, das zu tun, was die anderen von ihnen
erwarten. Das ist in der Familie nicht anders als im Beruf oder im
Freundeskreis. Dafür ausschlaggebend ist die Angst, nicht mehr
dazuzugehören, wenn man den Erwartungen nicht gerecht wird.

Wie bei den meisten unserer Ängste liegen die Ursachen hierfür in
der Kindheit begründet. Oft erfahren wir als Kind vor allem dann
Liebe, wenn wir etwas Besonderes geleistet haben. Wenn wir ein tolles Bild gemalt oder brav den Teller leergegessen haben, bekommen
wir Zuwendung. Je perfekter wir etwas machen, desto mehr davon
erhalten wir. So werden wir von Kindesbeinen an darauf geeicht, die
Wünsche der anderen am besten schon im Voraus zu erahnen. Dazu
werden uns andere als Vorbilder hingestellt, die noch Größeres
leisten als wir: der Nachbarsjunge, der schon vor der Einschulung
lesen und schreiben konnte, die Klassenkameradin, die nur Einsen
schreibt. So verlieren wir uns selbst aus den Augen und entfernen
uns immer mehr von uns selbst, ja viele Menschen haben zeitlebens
das Gefühl, sie wären gerne jemand anders, weil ihnen nie jemand
vermittelt hat, wie liebenswert und einzigartig sie sind.

Wir werden die ersehnte Anerkennung erst recht nicht bekommen, wenn wir immer nur versuchen, anderen nachzueifern. Ich
habe immer wieder Klienten, denen erst in der zweiten Hälfte ihres
Lebens klar wird, was sie sich eigentlich für sich wünschen. Sie
haben die Karriere gemacht, die ihre Eltern sich gewünscht haben,
und sogar bei der Partnerwahl lassen sich nicht wenige Menschen
von den Erwartungen oder Empfehlungen anderer leiten. Dabei

kann man sich nicht früh genug darüber klar werden, welcher Weg für einen selbst der richtige ist.

Aber ist es nie zu spät, noch einmal eine neue Richtung einzuschlagen, auch spät im Leben. Nichts ist schlimmer, als zu erkennen, dass der Beruf, den man ausübt, oder der Partner, mit dem man zusammenlebt, unglücklich machen, und trotzdem weiterzumachen. Wie sagte der berühmte Philosoph und Soziologe Theodor Adorno so schön: „Es gibt kein richtiges Leben im falschen." Also besser spät als nie! Beschäftigen Sie sich mit den Biografien großer Künstler oder Literaten, werden Sie sehen, dass sich viele von ihnen kein bisschen um die Erwartungen anderer bekümmert haben, sondern unbeirrt ihren eigenen Weg gingen, egal wie steinig er auch war.

Hinterfragen Sie sich! Will ich das wirklich?

Gerne neigen wir dazu, uns die Themen der anderen zu eigen zu machen. Viele Menschen optimieren beispielsweise ihre Ernährung. Dazu gehört es vor allem, Dinge wegzulassen, Zucker, Gluten, Laktose, Fleisch und so weiter und so fort. Und viele, die einen neuen Ernährungsstil für sich entdeckt haben, werden auf einmal von einem großen Sendungsbewusstsein ergriffen: Sie wollen nicht nur die eigene Ernährung optimieren, sondern auch die ihrer gesamten Umwelt.

Ich kenne solche Geschichten aus Beziehungen. Bei einem Paar hatte sie kurzerhand entschieden, dass beide auf vegane Ernährung umsteigen sollten – dabei hatte er sich schon auf die Grillsaison und auf saftige Würstchen und Koteletts gefreut. Um wenigstens ab und an noch ein Stück Fleisch zu bekommen, traf er sich einmal in der Woche mit Freunden zum Steakessen. Und musste danach auf dem Sofa schlafen, weil sie seinen Fleischesser-Atem nicht ertragen konnte.

Ich finde es grundsätzlich eine respektable Entscheidung, auf Fleischkonsum zu verzichten – es spricht eine Menge dafür, besonders das Tierwohl, aber auch oft die Qualität des Fleisches –, nur muss diese Entscheidung jeder für sich selber treffen. Man kann versuchen, seinen Partner zu überzeugen, muss aber auch tolerieren, wenn er diese Entscheidung nicht oder nur teilweise mitträgt. Bei diesem Paar ruinierte das fast die Beziehung. Der Mann fühlte sich immer mehr eingeengt und gegängelt, sie hatte inzwischen Bekanntschaft mit den Mitgliedern einer Veganergruppe geschlossen, mit denen er überhaupt nichts anfangen konnte. Das Ergebnis war, dass er sich immer isolierter vorkam. Seine Blase wurde zunehmend mit den Themen seiner Frau ausgefüllt, für ihn selbst blieb immer weniger Platz darin.

Wenn wir es dem Außen immer recht machen wollen, können wir ernste Probleme bekommen. Hier haben auch viele psychische Störungen ihre Wurzel. Wichtig ist deshalb, sich immer über seine eigenen Wünsche und Bedürfnisse klar zu sein, ganz genau in sich hineinzuhören und herauszufinden, ob man eine Entscheidung trifft, weil man sie richtig findet, oder weil sie vom Außen erwartet wird. Auch in einer Beziehung muss man lernen, Nein sagen zu können: Alle guten Beziehungen, die ich kenne, gründen auf einer Reihe von klug ausgehandelten Kompromissen.

Jedem Tierchen sein Pläsierchen.

Neue Perspektiven auf die anderen finden

Wir bewerten und beurteilen pausenlos unsere Umwelt und damit auch unsere Mitmenschen. Und wir tun das ganz automatisch aus unserer eigenen Welt heraus. Wir bewerten alles, was wir sehen und beobachten, immer ganz subjektiv und ganz individuell. Manchmal können wir es selbst einfach nicht erklären, warum wir jemanden sympathisch finden, den wir vielleicht noch nicht einmal näher kennen. Und genauso umgekehrt: Es gibt eigentlich gar keinen Grund, aber gegen die oder den hegt man einfach eine unerklärliche Abneigung. Das ist erlaubt!

Immer wieder erlebe ich in meiner Praxis, dass Menschen es wirklich allen recht machen wollen. Was schon deshalb zu einer puren Verzweiflung führt, weil es einfach nicht möglich ist. Dann zeichne ich das Bild auf, das Sie schon aus dem ersten Teil des Buches kennen, und mache das folgende Experiment dazu.

Im menschlichen Miteinander sind immer drei Poole vorhanden: Der positive, der negative und der neutrale Pool. Und jeder Mensch hat eine bestimmte Menge an Menschen in jedem Pool.

Stellen Sie sich vor, Sie stellen sich auf einen großen öffentlichen Platz. Jeder, der vorbeikommt, wird aufgefordert, Sie zu beurteilen. Dazu wählt jeder Passant einen von drei Zetteln, der in einen Kasten kommt. Entweder gefallen Sie der vorüberkommenden Person, dann wählt sie den Zettel mit dem Plus. Wenn sie Sie nicht mag, wählt sie den Zettel mit dem Minus. Sind Sie ihr egal, nimmt sie den mit dem Kreis. Dabei weiß die Person, die über Sie urteilt, nichts über Sie. Sie entscheidet im Bruchteil von Sekunden, einfach nach Ihrem Eindruck, Ihrem Aussehen, Ihrer Kleidung. Was meinen Sie, was dabei herauskommt?

Um zu einer Entscheidung zu kommen, greifen wir auf Muster zurück, die wir uns im Lauf der Jahre angeeignet haben: „Die hat rote Haare. Oma hat immer gesagt, Rothaarige sind gefährlich, also bekommt sie ein Minus." Oder: „Der erinnert mich an den netten Studienrat, der meine Aufsätze immer so gut beurteilt hat. Er bekommt ein Plus."

Egal wie Sie sich auch anpassen, es wird immer Menschen geben, die Sie nicht gut finden.

Vielleicht wenden Sie ein, dass diese Zufallspassanten ein ganz anderes Urteil fällen würden, wenn sie Sie besser kennen würden. Das stimmt, aber trotzdem wird es nie ein einhellig gutes oder schlechtes Urteil über Sie ergeben. Stellen Sie sich mal vor, Sie haben im Bekanntenkreis eine Freundin, die immer alles mitmacht und nie sagt, was sie eigentlich möchte. Für die einen ist sie die praktische unkomplizierte Freundin, die den eigenen Wünschen nie im Weg steht. Aber für andere ist sie vielleicht das unbeschriebene Blatt, langweilig und nichtssagend. Vielleicht findet sie manch einer auch nur aalglatt? Sie sehen also, egal wie Sie sich auch anpassen, es wird immer Menschen geben, die Sie nicht gut finden. Damit zu leben, lernen Sie hier.

Ganz gleich wie Sie sich anpassen, es wird immer Menschen geben, die das nicht gut finden.

Grundsätzlich wird es immer Menschen geben, die Sie positiv sehen, und andere, bei denen das nicht der Fall ist. Doch je mehr Sie sich bemühen, bei allen gut anzukommen, desto eher scheitern Sie. Einer meiner Klienten stieß als Jugendlicher bei den Mädchen auf wenig Gegenliebe. Er dachte, es liege an seinem eher dicklichen Körperbau, also entwickelte er einen wahnsinnigen sportlichen Ehrgeiz und trainierte sich einen muskulösen Körper an. Umso enttäuschter war er, als er feststellen musste, dass es immer noch eine ganze Menge junger Frauen gab, bei denen er überhaupt nicht ankam – er meinte, sie hielten ihn für dumm, weil er so muskulös sei. Dabei studierte er mittlerweile und schrieb gute Klausuren. Nun fragte er mich, was er tun könne, damit er von allen akzeptiert würde. Ich konnte ihm nur sagen: Seien Sie einfach Sie selbst! Und schilderte ihm den Test in der Fußgängerzone.

Ich sage es noch einmal: Es wird immer Menschen geben, die uns nicht mögen werden, egal was wir tun. Die einzige Konstante in dem Ganzen sind wir selbst. Der einzige Mensch, um dessen Anerkennung wir uns bemühen sollten, sind wir selbst. Wo und wie wir bei den anderen landen, ist oft reine Glückssache. Wenn wir so sind, wie wir sein wollen, und nicht, wie wir denken, dass uns die anderen haben möchten, werden wir mit Sicherheit die Menschen finden, die uns guttun und denen wir guttun. Und auf die anderen ist gepfiffen.

Finden Sie Menschen, die Ihnen guttun und denen Sie guttun.

Jeder lebt in seiner ganz eigenen Welt. Darin ist alles enthalten, was den Einzelnen ausmacht: sein einzigartiger Charakter, seine persönlichen Wünsche und seine individuellen Bedürfnisse.

Bestandsaufnahme: Wo stehe ich?

Manche Menschen fühlen sich am Anfang nicht recht wohl in ihrer Blase. Sie haben Angst, sie könnten sich darin von ihrer Umgebung abkapseln und den Kontakt zu den Menschen verlieren, die ihnen wichtig sind. Diese Sorge kann ich ihnen leicht nehmen, schließlich ist die Blase nicht aus schallisoliertem Panzerglas, sondern transparent und beweglich. Sie hat einen großen Resonanzraum, was es erleichtert, mit anderen in einen für beide Seiten gewinnbringenden Austausch zu gehen. Sie ist ein Mittel, um bei sich bleiben zu können, sich in sich zurückziehen zu können, um zu fühlen, was gerade guttun würde und was man eigentlich möchte. Nur dann kann man es auch nach außen transportieren.

Die Blase ist aber auch ein Schutz, um das, was von außen kommt, nicht zu nah an sich heranzulassen, um Grenzen zu setzen. Lassen Sie die schlechten Stimmungen und überzogene Erwartungen an sich erst gar nicht in Ihre Blase, sondern bei den anderen.

Nachdem Sie nun gelernt haben, sich vom Außen abzugrenzen, zurück zur eigentlichen Frage: Wie steht es mit der Perfektion? Wie schaffe ich es, mit mir selbst in Einklang zu sein, so wie ich bin, ohne Optimierungen und Verbesserungen? Darum reisen wir jetzt in Ihr Inneres.

Jeder von uns hat bestimmte Vorstellungen und Denkprozesse abgespeichert. Im Grunde läuft das nicht viel anders als bei einem Computer. Ähnlich wie dieser mit denselben Algorithmen immer wieder die gleichen Prozesse steuert, funktioniert das bei uns auch. Wenn wir uns fragen, was wir tun müssen, um anerkannt zu werden, sendet uns unser Bewusstsein immer die gleichen Lösungsvorschläge: Nimm ab, sei freundlich, gib dir mehr Mühe, sei fleißiger und so weiter und so fort. Irgendwann haben wir für eine bestimmte Aktion Anerkennung erhalten und das entsprechend abgespeichert. Und da haben wir den Systemfehler auch schon gefunden. Denn diese Selbstoptimierungsprogramme engen uns ein. Auf eine vorprogrammierte Art und Weise zu funktionieren, erscheint uns mit der Zeit als alternativlos, und so beschränken wir uns immer mehr. Der Druck, der dabei entsteht, kann bei nicht wenigen Menschen Angstzustände und Panikattacken hervorrufen. Darum müssen wir unser inneres Bewusstsein weiten, wir brauchen mehr Spielraum und Bewegungsfreiheit und dürfen ruhig mehr Nachsicht mit uns üben.

Es ist eine Kunst, auch dann mit sich in Einklang zu sein, wenn man Erwartungen mal nicht erfüllt.

Die Kunst ist es, auch dann mit sich in Einklang zu sein, wenn man die eigenen Erwartungen oder die Erwartungen des Umfelds auch mal nicht erfüllt. Das ist kein ganz leichter Schritt. Dafür müssen wir in uns beweglicher werden und die Grenzen in unserem Inneren ein Stück weiten. Das fühlt sich zunächst einmal ungewohnt und womöglich auch ganz schön unbequem an, doch wenn es Ihnen gelingt, die alten Strukturen aufzusprengen, können Sie ein ganz neues Wohlbefinden und Freiheitsgefühl empfinden, und dafür lohnt sich die Anstrengung allemal!

Wer an seine Grenzen und darüber hinausgehen will, muss diese natürlich zunächst einmal vermessen. Auf dem Apollotempel in Delphi, der Heimat des gleichnamigen Orakels im Alten Griechenland, stand schon vor über 2000 Jahren die Inschrift: „Erkenne dich selbst". Genau das wollen wir im Folgenden versuchen. Es ist Zeit für eine umfassende Selbstreflexion und Bestandsaufnahme.

Nehmen Sie sich ein Blatt, es darf ruhig etwas größer sein, DIN A3 wäre nicht schlecht. Notieren Sie darauf Ihre Antworten auf die folgenden Fragen. Der Prozess der Selbsterkenntnis darf ruhig ein bisschen mehr Zeit beanspruchen. Darum betrachten Sie das Blatt als „work in progress" und ergänzen Sie die Antworten im Laufe von mehreren Tagen immer wieder, wenn Ihnen etwas Neues einfällt. Und hängen Sie das Blatt irgendwo gut sichtbar auf, damit Sie sich immer wieder damit beschäftigen.

Was ist für mich perfekt?

Schreiben Sie all die Dinge auf, von denen Sie glauben, sie müssten perfekt sein. Und zwar aus allen Lebensbereichen, privat und beruflich. Das gilt für Tätigkeiten („So muss das gemacht werden") wie für Gefühle („Es fühlt sich perfekt an, wenn ..."). Schauen Sie die Dinge an, die Sie aufgeschrieben haben, und überlegen Sie, wo Sie am besten mal loslassen könnten.

Eine Klientin von mir lädt immer gerne Gäste ein. Dabei stresst sie das gleichzeitig wahnsinnig, schon Tage vorher beginnt sie, alles bis ins kleinste Detail durchzudenken. Zunächst plant sie ein dreigängiges Menü, doch im Laufe der Vorbereitung wird es immer umfangreicher und kann dann bis zu sieben Gänge umfassen. Wir besprachen, dass sie beim nächsten Mal einfach nur einen Eintopf auftischt. In der Woche vor der Einladung schrieb sie mir ein halbes Dutzend Mails: „Ich habe mir überlegt, noch einen klitzekleinen Nachtisch zu machen", „Vorweg ein paar kleine Häppchen, zur Begrüßung", „Ich sollte vielleicht zwei alternative Eintöpfe anbieten?" Ich blieb eisern und antwortete jedes Mal nur: „Ein Eintopf, sonst nichts." Aber ich habe mich natürlich über jede ihrer Mails gefreut, denn sie zeigten mir, dass wir genau am richtigen Punkt angesetzt hatten.

In solchen Grenzbereichen ist der Widerstand am größten, aber genau in diesem Bereich können wir über uns hinauswachsen und neue Freiheiten gewinnen. Meine Klientin berichtete von einer inneren Unruhe, die sie die Zeit über begleitete und die am Tag der Einladung extrem groß wurde. Aber gleich danach hatte sie sich in Luft aufgelöst. Meine Klientin musste über diese Grenze gehen und es aushalten, und das hat sich für sie gelohnt. Die Einladung zum Eintopf war ein Erfolg. Weil sie angekündigt hatte, dass es nur ein

Gericht gäbe, hatten andere für Nachtisch und Vorspeisen gesorgt, und so konnte meine Klientin endlich mal die Gespräche und das Zusammensein mit den Menschen, die ihr wichtig sind, genießen und sich entspannen, ohne ständig an das Gelingen des nächsten Gangs denken zu müssen.

 Fangen Sie klein an, damit es keine Enttäuschungen gibt.

Ein anderer klassischer Grenzbereich ist natürlich der Job. Es gibt viele Menschen, denen im beruflichen Umfeld das Wort Nein einfach nicht über die Lippen geht. Einem Kollegen oder Chef einmal zu sagen, dass man eine Aufgabe nicht in der vorgegebenen Zeit lösen kann, ist natürlich eine noch größere Herausforderung. Aber je höher die Latte liegt, desto mehr kann man an der Aufgabe auch wachsen. Dennoch: Fangen Sie klein an, damit es keine Enttäuschungen gibt.

Für wen möchte ich perfekt sein?

Jetzt schreiben Sie alle die Menschen auf, für die Sie perfekt erscheinen möchten und denen Sie sich nur mit Ihrem optimalsten Ich präsentieren möchten. Schreiben Sie dazu, warum das so ist: Warum müssen Sie bestimmten Menschen aus Ihrem Umfeld gegenüber perfekt sein? Und was unternehmen Sie, um diesen Anschein zu erwecken?

Eine Klientin von mir reagierte einmal ganz erschrocken, als ihr aufgrund ihrer Aufzeichnungen klar wurde, wie viel Aufwand sie täglich bei der Arbeit betrieb, um bei ihrer Chefin immer als perfekte Mitarbeiterin zu gelten. Morgens war sie als Erste da, jede zweite

Mittagspause ließ sie ausfallen, abends war sie meist die Letzte, die ihren Arbeitsplatz verließ. Und die Liste war noch viel länger. Das alles mal auf einen Blick zu sehen, wirkte wie eine Schocktherapie. Mittlerweile arbeitet diese Klientin ganz normal wie die anderen Kollegen auch.

Wenn Sie bei Ihren Aufzeichnungen Ähnliches feststellen, fangen Sie mal an zu experimentieren und weiten Sie Ihren Handlungsrahmen für sich. Überraschen Sie doch mal alle, die Sie kennen, mit einem neuen Ich. Eines, das nicht aus dem Ei gepellt zum Treffen erscheint, eines, das mal nicht überpünktlich ist und nicht gleich tut, was von ihm erwartet wird. Eines, das mal Nein sagt oder einen Gegenvorschlag bringt.

Die Reaktionen können manchmal verblüffend sein. Auch hier kann es wieder ganz schön an die Nerven gehen, seine Grenzen zu erweitern. Wenn der Chef auf die Beantwortung seiner Mail wartet, braucht man schon starke Nerven. Aber die sind wie Muskeln: Wenn man sie trainiert, wachsen sie.

Starke Nerven sind wie Muskeln: Wenn man sie trainiert, wachsen sie.

Was möchte ich mit dem Perfektsein erreichen?

Manche Menschen haben das Gefühl, in Vorleistung gehen zu müssen, um ein Anrecht auf Glück zu haben: Der Prinz auf dem weißen Schimmel kommt erst dann geritten, wenn man die ideale

Bikinifigur hat. Was versprechen Sie sich persönlich davon, wenn Sie etwas besonders perfekt machen wollen?

Schreiben Sie auf, was Sie an sich perfektionieren wollen und was Sie damit eigentlich erreichen möchten. Langsam wird Ihr Blatt zu klein für all die Antworten und Fragen? Eine schöne Idee finde ich es, Tagebuch zu führen, am besten ein altmodisches, in das man nicht mit einem elektronischen Pen, sondern mit einem richtigen Stift schreibt. Nachdem Sie aufgeschrieben haben, was die Absicht hinter Ihrem Perfektionsstreben ist, schauen Sie sich an, ob Sie das Gleiche nicht auf anderem Wege bekommen können.

Das wichtigste Motiv für unseren Perfektionsanspruch ist sicher die Anerkennung, die wir uns davon versprechen. Natürlich ist es etwas Wunderbares, von anderen Menschen gelobt zu werden. Doch man sollte sich nicht davon abhängig machen. Denn dann gerät man schnell in einen Teufelskreis. Angenommen, Sie erledigen eine Aufgabe im Job viel schneller, als der Chef das erwartet. Dann können Sie sicher sein, dass Sie dafür ein Lob erhalten. Doch gleichzeitig haben Sie die Latte höher gelegt, denn jetzt, wo der Chef weiß, wie fix Sie sind, wird er Ihnen das nächste Mal weniger Zeit dafür lassen, und so haben Sie sich mit Ihrer guten Leistung selbst unter Druck gesetzt. Das weiß die obere Etage auch: Der Chairman einer großen Werbeagentur sagte einmal: „Unsere Kunden dürfen niemals erfahren, wozu wir in der Lage sind, sonst werden sie diese Leistung jedes Mal abrufen wollen."

Natürlich sollen Sie auch nicht anfangen zu trödeln. Es geht darum, dass Sie den Takt finden, der für Sie der richtige ist und Ihnen nicht den Spaß an der Arbeit nimmt.

Finden Sie den Takt, der für Sie der richtige ist.

In allen Bereichen des Lebens ist es wichtig, sich unabhängiger vom Lob der anderen zu machen. Es gibt viele Menschen, die ihre eigenen Leistungen nur dann anerkennen können, wenn auch andere das tun. Es gibt aber auch Beispiele von Menschen, die sich gerade darum überhaupt nicht gekümmert haben. Ein berühmtes Beispiel ist Vincent van Gogh. Der heute weltberühmte Künstler, für dessen Werke zweistellige Millionensummen bezahlt werden, war zu Lebzeiten geradezu grausam erfolglos, ganze zwei Bilder konnte er verkaufen. Trotzdem weiterzumalen, erfordert in so einem Fall natürlich eine ungeheure innere Stärke. Und diese innere Stärke erreicht man nur, wenn man es versteht, sich selbst zu loben. Schon weil man auf das Lob von außen oft sehr lange warten muss.

Was macht mich individuell?

Ich möchte noch einmal auf ein Thema zurückkommen, das ich schon bei der Einführung zur Blasentechnik angesprochen habe. Dieses Mal möchte ich, dass Sie noch mehr ins Detail gehen.

Schreiben Sie alles auf, was Sie persönlich ausmacht – auch die Dinge, die Sie im ersten Moment womöglich in ein nicht so gutes Licht setzen. Jede Eigenschaft von Ihnen verdient Beachtung, denn alle zusammen machen Ihre einzigartige Persönlichkeit aus. Fragen Sie sich also: Wer bin ich wirklich? Betrachten Sie sich auch einmal losgelöst von Ihrem beruflichen und privaten Umfeld. Wer sind Sie, wenn Sie nicht Mutter,

Kollegin, Freundin oder Geliebte sind? Was ist die Essenz von Ihnen? Was sind Ihre dominierenden Eigenschaften: Sind Sie stolz? Gutgläubig? Neidisch? Ehrgeizig? Stur? Gutmütig? Wie groß sind die Anteile dieser verschiedenen Eigenschaften? Sind Sie vor allem großherzig, aber auch ein bisschen nachtragend?

Unterscheiden Sie zwischen den Eigenschaften, die Sie als positiv und negativ empfinden, am besten, indem Sie diese mit verschiedenen Farben einkreisen. Viele meiner Klienten verlangen für ihre negativen Eigenschaften einen Rotstift. Nehmen Sie keinen Rotstift, denn der signalisiert ja, dass hier ein Fehler vorliegt, den es zu vermeiden gilt – doch das muss nicht unbedingt der Fall sein! Dazu muss man jeden einzelnen Punkt genau unter die Lupe nehmen.

Ziehen Sie eine Blase um sich und schreiben Sie alles hinein, was Sie ausmacht.

Angenommen, Sie stellen fest, dass Sie manchmal neidisch sind. Wer noch niemals auf einen anderen Menschen neidisch war, werfe den ersten Stein. Und Neid ist nicht immer schlecht: Er kann inspirierend sein und in positive Energie verwandelt werden, er kann uns helfen, unser eigenes Leben zu verändern. Wenn wir auf den Job eines anderen neidisch sind, ist das vielleicht die nötige Motivation, selbst einen neuen Karriereweg einzuschlagen. Das ist dann konstruktiver Neid. Negativ ist dieses Gefühl dann, wenn man anderen partout etwas nicht gönnt. Ist das der Fall, sollte man hinterfragen, warum das so ist.

Wie schon gesagt: Erkenne dich selbst. Wenn Sie die Motivation hinter Ihren gefühlt negativen Eigenschaften aufspüren, können Sie entscheiden, welche davon wirklich nicht gut für Sie sind und welche Sie deswegen ablegen sollten, oder mit welchen Eigenschaften Sie sich aussöhnen können. Versuchen Sie dabei die Menschen, auf die Sie negative Gefühle projizieren, in deren Blase zu sehen.

Achten Sie immer auch auf die Stimme Ihres inneren Kindes.

Achten Sie immer auch auf die Stimme Ihres inneren Kindes, denn es spielt gerade bei diesem Thema eine wichtige Rolle. Schreiben Sie die Dialoge auf, die Sie mit Ihrem inneren Kind führen. Wenn Sie Dinge an sich nicht mögen, kann das innere Kind das als direkten Vorwurf auffassen, darum ist es wichtig, mit ihm in den Dialog zu treten. Wählen Sie die Worte, die Sie an es richten, mit Bedacht.

Wie steht es mit meinem Umfeld?

Die Familie

Wie ist es um das Verhältnis zu Ihrer Familie bestellt? Erhalten Sie ausreichend Wärme, fühlen Sie sich von allen verstanden? Wer in Ihrer Familie steht Ihnen am nächsten? Bei wem haben Sie das Gefühl, besonders perfekt sein zu müssen?

Setzen Sie sich besonders mit den Familienmitgliedern auseinander, mit denen Sie lieber keinen so intensiven Kontakt haben. Grenzen Sie sich von denen ab, die Sie besonders perfekt haben wollen, denn es ist deren Thema, nicht Ihres! Auch hier können Sie experimentieren. Haben Sie den Mut, einmal einfach so zu sein, wie Sie sind. Sagen Sie mal Nein oder sprechen Sie vielleicht das erste Mal über Ihre Bedürfnisse.

Eltern wollen ihre Kinder oft die Aufgaben lösen lassen, die sie selbst nicht geschafft haben. Weil bei ihnen selbst das Talent nicht für die Karriere als Profisportler gereicht hat, wollen sie ihren Nachwuchs darauf drillen. Das Gleiche gilt für unerfüllte Ausbildungs- und Karriereträume. Wir sind aber nicht dafür da, um die Erwartungen unserer Eltern zu erfüllen, sondern unsere eigenen. Jeder hat natürlich das Recht, Perfektion von sich selbst einzufordern, das kann er dann ja für sich in seiner eigenen Blase tun. Sie lassen sich davon in Ihrer eigenen Blase nicht stören. Wenn die anderen das wünschen, legen Sie ihnen ruhig dar, dass Sie für sich entscheiden, was perfekt ist und was nicht. Bleiben Sie dabei ganz bei sich: Grundsätzlich gilt immer, dass wir die anderen nicht ändern können, nur uns selbst.

Der Beruf

Machen Sie auch hier mal einen Kassensturz. Fragen Sie sich, ob Sie die verdiente Anerkennung erhalten: Werden Ihre Leistungen gesehen und gewürdigt? Und dann taxieren Sie mal, welchen Stellenwert der Job in Ihrem Leben hat. Fühlen Sie sich auch als wertvoller Mensch, wenn Sie diesen Job nicht hätten?

Grundsätzlich kann es im Job nicht immer gleich gut laufen. Es gibt Tage, da schafft man nicht alles, was man sich vorgenommen hat oder andere einem vorgegeben haben. Manche Leute fangen dann an, sich selbst infrage zu stellen, sich mehr abzuverlangen, als sie zu leisten in der Lage sind, und befinden sich unversehens auf der Überholspur in Richtung Burn-out. Besser, Sie schalten frühzeitig mal einen Gang runter.

Ich habe viel mit Menschen zu tun, die in kreativen Berufen arbeiten. Oft ist es so, dass, je verzweifelter sie nach einer Idee suchen, sie umso schwieriger kommt. Es ist im Grunde wie beim Angeln: Man muss dem Fisch zwischendurch auch mal Leine lassen, um ihn dann endlich zu fangen. Auch bei anderen Aufgaben gilt, bevor Sie sich heillos festfahren: Trinken Sie lieber mal einen Tee oder Kaffee, plaudern Sie ein paar Worte mit den Kollegen, dann lösen sich viele Probleme schneller. Die Voraussetzung ist, dass Sie sich dabei nicht zu sehr unter Druck setzen.

Legen Sie mal eine Pause ein, dann lösen sich viele Probleme schneller.

Eine Klientin erzählte mir, dass sie während der Arbeitszeit so gut wie nie die Toilette aufsuche, Mittagspausen würde sie sowieso nicht machen, sie esse schnell etwas Mitgebrachtes nebenher. Als ich sie fragte, ob es in ihrem Unternehmen verboten sei, aufs Klo zu gehen und Mittag zu machen, antwortete sie: „Nein, aber ich will damit zeigen, dass ich alles gebe und mein Geld wert bin." Dabei sind die Menschen, die sich auf diese Weise krank arbeiten, genau die, von denen die Vorgesetzten denken, sie wären ihr Geld nicht mehr wert, nämlich dann, wenn sie unter dem selbstauferlegten Druck zusammenbrechen.

Unser Körper ist sehr zäh, er macht, gerade in jungen Jahren, viel mit. Aber irgendwann ist Schluss, und wir kriegen die Quittung in Form von physischen und psychischen Leiden präsentiert. Neben den Arbeiten, die zu erledigen sind, können es aber auch die Kollegen sein, die gehörig Druck ausüben. In der Abteilung eines Klienten fing eines Tages ein neuer Mitarbeiter an, der von der Geschäftsleitung als Überflieger angekündigt worden war. Durch ihn veränderte sich schlagartig das gesamte Betriebsklima. Wenn jemand in die Mittagspause gehen wollte, kommentierte er das mit dem Satz: „Lunch is for losers", ein Zitat aus dem Film „Wallstreet". Und, steter Tropfen höhlt den Stein, mit der Zeit gingen tatsächlich weniger Kollegen zum Mittagessen.

Es dauerte gut ein halbes Jahr, bis der Überflieger gefeuert wurde. Auch wenn das Licht in der Abteilung nun abends länger brannte, stellte die Unternehmensleitung fest, dass die gesamte Abteilung immer ineffizienter arbeitete: Durch den Stress schlichen sich zunehmend Fehler ein, die nicht passiert waren, als alle noch jeden Mittag gemeinsam in die Pause gingen.

Die Partnerschaft

Auch in der Partnerschaft empfiehlt es sich, regelmäßig eine genaue Bestandsaufnahme zu machen. Gerade hier verdrängen wir die meisten Probleme.

Die wichtigsten Fragen dabei sind: Bekomme ich die Wärme und Geborgenheit, die ich brauche? Kann ich Kompromisse schließen oder muss ich permanent Machtkämpfe ausfechten? Ist es ein gegenseitiges Geben und Nehmen oder neigt sich die Waage deutlich in eine Richtung? Und schließlich: Darf ich in meiner Partnerschaft auch mal unperfekt sein?

Die Partnerschaft ist der Ort, an dem jeder so sein darf, wie er ist. Im Job und im Alltag muss man sich oft verstellen, in der Partnerschaft darf jeder seine Wünsche und Bedürfnisse äußern. In der Paartherapie empfehle ich immer wieder, alle Themen auf einen imaginären Tisch zu werfen und gemeinsam „durchzukneten": Beide adressieren ihre Themen und machen klar, wie wichtig sie jeweils sind. Wo sich kein gemeinsamer Nenner oder Kompromiss finden lässt, da wechselt man sich ab. Sie will kein Fußball gucken? Dann trifft sie sich eben mit den Mädels und macht sich mit ihnen einen schönen Abend. Er hat keine Lust auf Shoppen? Dann wartet er eben im Eiscafé und gönnt sich etwas Leckeres.

Eine gemeinsame Basis des gegenseitigen Verstehens ist wichtig.

Man muss nicht alles gemeinsam machen oder den anderen zwingen, etwas zu tun, was er nicht will. Wichtig ist es, eine gemeinsame Basis des gegenseitigen Verstehens zu haben. Das ist ein Fundament, auf dem man gemeinsam glücklich werden kann, auch wenn man teilweise unterschiedliche Wünsche und Interessen hat.

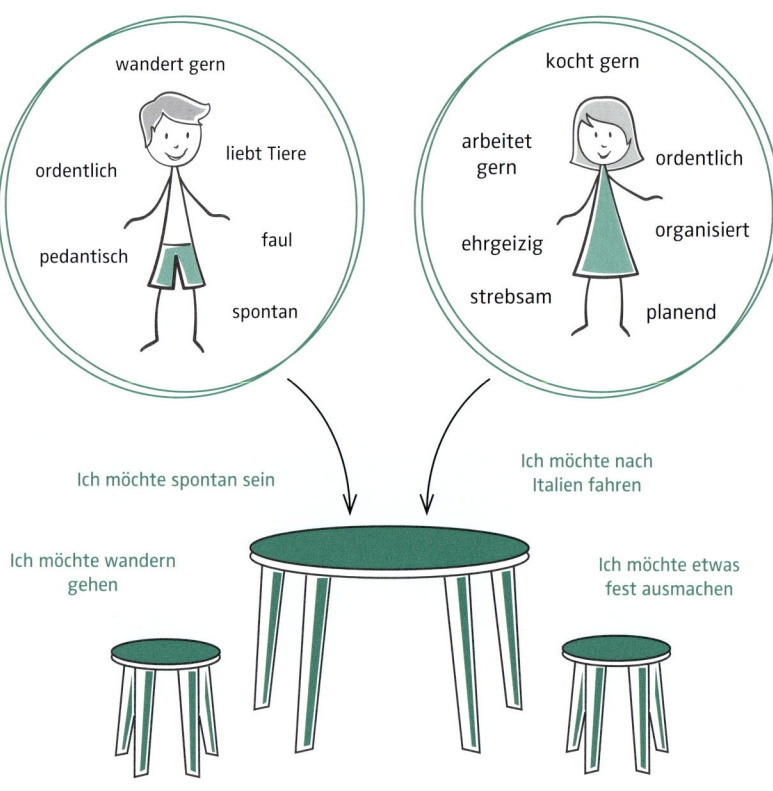

Wenn jeder bei sich ist und weiß, welche seine Bedürfnisse sind, kann er diese mitteilen und der andere weiß, wo er steht. So kann gemeinsam nach einem Kompromiss gesucht werden.

Der Freundeskreis

Freunde sind sehr wertvoll. Sie sind die Familie, die wir uns im Gegensatz zu unserer leiblichen Familie mit Absicht ausgesucht haben. Es ist wichtig, sie entsprechend zu pflegen. Gerade wenn man eine neue Beziehung anfängt, bleiben die Freunde schon mal auf der Strecke, doch spätestens, wenn die Beziehung sich als nicht tragfähig herausstellt, wird man sie dringend wieder brauchen. Schon deshalb sollten Sie Ihren Freundeskreis immer pflegen, auch dann, wenn Sie keine Zeit für ihn zu haben glauben.

Dabei gibt es durchaus auch Freunde oder Freundinnen, die uns nicht oder weniger guttun. Da sind beispielsweise die eher einseitig strukturierten Freundschaften, der Freund oder die Freundin, die erwarten, dass man immer ein offenes Ohr für sie hat, selber aber auf Durchzug schalten, wenn man etwas von ihnen will. Auch hier müssen Sie sich, genau wie bei der Herkunftsfamilie oder in der Beziehung, fragen, ob Sie sich wirklich angenommen fühlen. Oft schlüpfen Menschen auch im Freundeskreis in eine Rolle. Sie sind dann beispielsweise immer der oder die Lustige, weil sie das Gefühl haben, nur so akzeptiert zu werden.

Wie in allen Beziehungen, die wir zu anderen Menschen haben, ist es wichtig, offen miteinander zu reden. Und im Freundeskreis ist das eigentlich am einfachsten. Wie gut die Freundschaft ist, finden Sie am besten im direkten Gespräch heraus, besonders wenn Sie das Gefühl haben, dass Sie dem anderen nur für bestimmte Dinge gut genug sind. Wie oft höre ich von Klienten, dass Freunde oder Freundinnen sie nur bei bestimmten Aktivitäten dabeihaben wollen, weil sie für andere Dinge nicht präsentabel genug erscheinen. Da ist ein Mann ein beliebter Saufkumpel bei seinen Freunden, doch wenn Aktivitäten mit den Frauen auf dem Programm stehen, bleibt er immer außen vor. Oder die Frau, mit der man sich gerne mal in einem Café trifft, die aber nie zu den schicken Events eingeladen wird, von denen die anderen dauernd schwärmen.

 Freundschaft und Partnerschaft müssen immer ein Geben und Nehmen sein.

Wenn Sie sich mit Ihren Freunden über diese Dinge aussprechen, können Sie oft positive Überraschungen erleben. Es kann aber auch sein, dass Sie feststellen, dass es sich um gar keine wirkliche Freundschaft handelt und Sie Ihre freie Zeit womöglich besser mit anderen Menschen verbringen möchten, die Sie in allen Situationen schätzen und immer so akzeptieren, wie Sie sind, mit all den Dingen, die nicht oder weniger perfekt an Ihnen sind. Es mag schmerzlich sein, sich von alten Freunden oder Bekannten zu trennen, besonders wenn uns mit anderen Menschen schöne Erinnerungen verbinden, aber wenn es nicht mehr geht, sollten Sie einen Schlussstrich ziehen. Das Leben ist zu kurz, um es mit Leuten zu verbringen, die Sie vorzugsweise mit negativer Energie versorgen.

Freundschaft und Partnerschaft müssen immer ein Geben und Nehmen sein. Wenn da über lange Zeit ein Ungleichgewicht entsteht, dann heißt es handeln. Zwar kann es eine Zeitlang dauern, bis Sie neue Menschen gefunden haben, wenn es sich dafür dann aber um echte Freunde handelt, die Sie sein lassen, wie Sie sind, lohnt es sich!

Sich treu bleiben

Viele meiner Klienten, die sich von ihrem Perfektionsdrang unter anderem mithilfe der Blasentherapie gelöst haben, drohen erst einmal in ein Loch zu fallen. Da war der Sportler, der jeden Tag drei Stunden mit seinem Triathlon-Training verbracht hat, oder die Kommunikationsmanagerin, die locker auf eine 80-Stunden-Woche kam, oder die Journalistin, die den größten Teil ihrer knapp bemessenen Freizeit mit dem Aufstellen von Ernährungsplänen ausfüllte. Es kann so ziemlich alles zu einer Sucht werden, was man in zu großen Dosen genießt. Wenn dann ein so großer und bislang wichtiger Teil des Lebens wegfällt, müssen andere Beschäftigungen her. Denn es verhält sich hier auch ein bisschen wie bei Suchtpatienten: Langeweile ist der erste Schritt in den Rückfall.

Es geht nicht darum, Ihr ganzes Leben auf den Kopf zu stellen.

Es geht daher nicht darum, dass Sie Ihr ganzes Leben auf den Kopf stellen. Sie können gern weitermachen mit dem, was Sie bisher getan haben, aber tun Sie es anders und so, dass es Ihnen guttut. Der Extremsportler hat seine Sportschuhe nicht ganz an den Nagel gehängt, 20 km die Woche läuft er schon noch. Einen Teil der restlichen, jetzt sportlosen Zeit verbringt er damit, sich weiterzubilden. Die Kommunikationsmanagerin arbeitet einen Tag in der Woche weniger und hat sich einem Laienchor angeschlossen. Die Journalistin fuhr die Beschäftigung mit ihrer Ernährung zurück und kümmert sich in ihrer Freizeit jetzt bei einer Tafel um die Versorgung Bedürftiger mit frischem Obst und Gemüse.

Wenn Sie sich treu bleiben und herausfinden, was wirklich das Richtige für Sie ist, lässt der Perfektionsdrang ganz von alleine nach und Sie werden ein zufriedenerer Mensch. Was Sie dazu tun können, habe ich Ihnen im Folgenden noch einmal zusammengestellt.

Runterschalten

Es ist wichtig, auch einmal ganz runterschalten zu können, bei sich zu bleiben und sich dabei immer wieder die Frage zu stellen: „Was würde mir jetzt guttun?" Dafür möchte ich Ihnen einige Übungen an die Hand geben, mit denen Sie experimentieren können. Und denken Sie immer daran: Da, wo es anfängt, etwas weh zu tun, wo es schwer ist, es auszuhalten, genau da fängt die innere Veränderung an. An der Grenze. Denn hier können Sie Ihren inneren Spielraum weiten.

Ziehen Sie sich am besten täglich für ein paar Minuten in Ihre Blase zurück, nehmen Sie sich mit all Ihren Facetten wahr. Gerne können Sie Ihre Zeichnung mit der Blase immer wieder vornehmen und etwas dazuschreiben. Oder Sie hängen das Blatt bei sich zu Hause auf, damit Sie sich immer wieder damit beschäftigen.

Fühlen Sie in sich hinein: Tut Ihnen gut, was Sie gerade tun? Funktionieren die Beziehungen zu anderen gerade harmonisch? Was daran könnte besser sein? So erden Sie sich immer wieder in sich selbst und entwickeln ein gutes Gespür für sich selbst. Sie erkennen frühzeitig, wenn etwas aus dem Ruder läuft, und können rechtzeitig dagegensteuern.

Den Glücksort besuchen

Diese Übung ist immer wieder sehr wirkungsvoll, um sich in sein Inneres zurückzuziehen:

Schließen Sie die Augen und stellen Sie sich vor Ihrem inneren Auge eine Tür vor. Durch diese Tür hindurch kommen Sie an Ihren ganz persönlichen Glücksort. Öffnen Sie jetzt die Tür, gehen Sie hindurch und lassen Sie den Ort entstehen. Sie können ihn jederzeit verändern. Fragen Sie sich: „Was würde mir hier guttun?"

Manche suchen sich einen Strand aus und bauen dort in Gedanken ihre eigene kleine Hütte. Andere haben ein Baumhaus im Wald und lauschen dem Wind oder einem Bach, der leise daran vorbeiplätschert. Für jeden ist der Ort ganz individuell anders. Vielleicht ist es für Sie ein Ort aus Ihrer Kindheit oder ein Ort, an den Sie gern in Urlaub fahren. Tauchen Sie in Ihren ganz persönlichen Wohlfühlort ein und seien Sie sich selbst ganz nah.

Tauchen Sie in Ihren ganz persönlichen Wohlfühlort ein.

Nein sagen

Viele Menschen müssen lernen, Dinge nicht zu tun, die man von ihnen selbstverständlich erwartet. Dabei geht es natürlich nicht darum, irgendetwas aus einer Laune heraus abzulehnen. Erteilen Sie nur den Dingen eine Abfuhr, bei denen Ihr Gefühl Ihnen sagt: „Es ist nicht richtig, dass ich das jetzt machen soll."

Lernen Sie zunächst, solche Situationen zu erkennen, und dann laut und deutlich Nein zu sagen – probieren Sie das ruhig zuhause aus, wenn niemand Sie hört. Fangen Sie an zu experimentieren: Markieren Sie Ihre Grenzen, in der Beziehung und im Job. Das erfordert am Anfang sicher einigen Mut. Aber Sie werden merken, wenn Sie gelernt haben, Nein zu sagen, wird Ihre Umgebung Sie mit anderen Augen sehen. Sie werden nicht im Ansehen Ihrer Kollegen, Ihres Chefs oder Ihrer Partner sinken, sondern das Gegenteil wird der Fall sein: Menschen, die kein Problem haben, laut und deutlich Nein zu sagen, bekommen Profil und werden für ihre Umwelt sichtbarer.

Sich nicht aus der Ruhe bringen lassen

Gerade wenn es im Job mal wieder hochhergeht, sollten Sie sich ganz bewusst in Ihrer Blase erden, die Dinge mit Abstand betrachten und den Job in sich ruhend erledigen. Grenzen Sie sich von der Hektik und dem Stress, den Kollegen und Vorgesetzte verbreiten, ab. Hilfreich kann hier sein, sich immer wieder auf die eigene Wahrnehmung zu konzentrieren, um mehr im Hier und Jetzt zu sein. Das allein ist schon beruhigend und erdet Sie.

Machen Sie alles jeden Tag aufs Neue, ganz langsam und achtsam. Spüren Sie sich zwischendurch immer wieder. Wie sitzen Sie auf dem Stuhl, ist die Position bequem? Schauen Sie öfter aus dem Bürofenster, gerade wenn Sie am Bildschirm arbeiten. Was sehen Sie? Sind da Blätter an einem Baum? Oder betrachten Sie das Nachbargebäude. Wie sieht es aus? Wenn Sie sich eine Tasse Tee aufbrühen, atmen Sie den Duft ein, spüren Sie den Kaffee, der Ihre Geschmacksknospen berührt. Schlingen Sie Ihr Mittagessen nicht herunter, nehmen Sie es nach Möglichkeit auch nicht am Schreibtisch ein. Konzentrieren Sie sich auf Ihr Essen, so wie Sie sich auf Ihre Arbeit konzentrieren. Nehmen Sie Gerüche und Geräusche Ihrer Umwelt auf und achten Sie auf Details. Lassen Sie sich Zeit dafür.

Spazieren und im Gehen meditieren

Nichts ist entspannender als zu gehen, vorausgesetzt natürlich, man hat bequeme Schuhe an. Das Beste ist, es bringt uns von unserem Bürostuhl runter oder raus aus dem Fernsehsessel. Sitzen wird inzwischen als so ungesund angesehen, dass man schon vom neuen Rauchen spricht. Ob da nun etwas dran ist oder nicht – Gehen ist gesund, für den Körper genauso wie für die Seele. Und man kann es ohne großen Aufwand machen, auch zwischendurch.

Auch wenn der Weg zur Arbeit länger ist, vielleicht gehen Sie ja nächstes Mal ein Stück davon zu Fuß. Steigen Sie nicht gleich in die U-Bahn um die Ecke oder parken Sie Ihren Wagen einfach auf halber Strecke zur Arbeit und laufen Sie den Rest. Bei so einem Spaziergang kann man wunderbar die Gedanken fliegen lassen.

Gehen kann man ohne großen Aufwand, auch zwischendurch.

Gehen eignet sich aber auch ganz hervorragend für eine kleine Meditation, auch wenn Gehen eigentlich etwas ist, das man einfach tut, ohne sich viele Gedanken darüber zu machen. Gerade das sollten Sie aber einmal tun.

Sie können die Übung zu Hause oder bei einem Spaziergang im Park machen. Bevor Sie langsam einen Fuß vor den anderen setzen, spüren Sie einen Moment in sich hinein. Wie fühlt sich Ihr Körper an? Nehmen Sie sich von den Zehenspitzen bis in die Haarspitzen wahr. Spüren Sie irgendwelche Verspannungen? Wenn ja, registrieren Sie das einfach, machen Sie sich aber keine Gedanken darüber. Wenn Sie dann losgehen, versuchen Sie alles an sich wahrzunehmen. Spüren Sie, wie Ihre Füße auf dem Boden abrollen, ohne dabei nach unten zu sehen. Achten Sie besonders auf Ihre Atmung. Spüren Sie Ihrem Atem nach, wie er durch die Nase Einlass in den Körper findet, und verfolgen Sie ihn auf dem Weg hinunter in den Bauchraum. Dabei sollten Sie versuchen, Ihren Atem mit Ihrem Gang in Gleichklang zu bringen.

Wenn Sie diese Übung zum ersten Mal machen, tun Sie das in einem geschlossenen Raum, der so groß sein sollte, dass Sie ungefähr zehn Schritte am Stück machen können. Dann drehen Sie sich um und gehen die Strecke zurück. Wenn Sie mit der Übung vertraut sind, können Sie sie dann auf jeder Strecke machen, die Sie zu Fuß zurücklegen. Viele meiner Klienten, die einen stressigen Job haben, machen sie gerne abends, nach der Arbeit. So bekommen sie einen guten Abstand zum Job und können anschließend entspannt auf Freizeit umschalten. Passionierte Läufer können sie übrigens auch beim Joggen durchführen. Je öfter Sie die Übung wiederholen, desto mehr Kraft wird sie Ihnen geben.

Einfach mal blaumachen

Gerade Menschen, die sehr im Job eingespannt sind, neigen auch in der Freizeit dazu, hyperaktiv zu sein. Das Wochenende ist genauso durchgetaktet wie die Arbeitswoche mit einem anspruchsvollen

Sportprogramm und tausend weiteren Aktivitäten. Lassen Sie einfach mal alles bleiben und sich mal richtig fallen. Gerade in der Freizeit haben Timings nichts zu suchen, hier geht es ums Abschalten, nicht ums Aufdrehen. Gönnen Sie sich öfter mal den Zustand, einfach nur zu sein. Entspannen Sie im Hier und Jetzt – Sie haben es sich mehr als verdient!

Legen Sie sich mit ein bisschen Schokolade bewaffnet vor den Fernseher und schauen sich ein paar schöne Filme an. Oder spazieren Sie gemütlich durch den Park, statt auf Joggingschuhen durchzuhetzen. Wichtig ist, dass Sie mal etwas anders machen, als Sie es sonst tun, und dass es scheinbar erst einmal keinen Sinn macht – jedenfalls nicht unter dem Gesichtspunkt der Perfektionierung. Sie sollten etwas machen, mit dem Sie kein Ziel verfolgen, nicht dünner, schöner, erfolgreicher werden. Machen Sie mal keine Pläne, entscheiden Sie von Augenblick zu Augenblick.

Offline gehen

Es gibt große Diskussionen darüber, wie uns Unternehmen und der Staat ständig ausforschen. Aber niemand überwacht uns so lückenlos wie wir selbst. Ständig kontrollieren viele von uns, wie viele Schritte sie an einem Tag zurückgelegt haben, wie gerade ihr Herzrhythmus ist, und tausend andere Dinge mehr. Schalten Sie im wahrsten Sinne des Wortes öfter ab. Sie werden überrascht sein, wie entspannend das sein kann.

Schalten Sie im wahrsten Sinne des Wortes öfter ab.

Legen Sie Ihr Handy weg und sehen Sie sich mal wieder im richtigen Leben um. Nehmen Sie die Menschen um sich wahr und fahren Sie mal ohne Smartphone in die Stadt.

Den Körper pflegen

Lauschen Sie nicht länger den Einflüsterungen der Fitness- und Ernährungsindustrie, sondern lernen Sie wieder, auf sich selber zu hören. Ihr Körper weiß besser, was gut für ihn ist, als jedes noch so wohlmeinende Frauenmagazin. Statt sich zu kritisieren und zu vergleichen, nehmen Sie sich und Ihren Körper an, lernen Sie ihn zu lieben, so wie er ist. Genießen und pflegen Sie Ihren Körper. Das ist gleichzeitig auch Balsam für Ihre Seele. Die Medien meinen immer zu wissen, was uns besonders guttut. Ständig haben sie neue Tipps und Konzepte für uns, wie wir schöner, schlanker, fitter werden können. Bei manchen mag das auch durchaus funktionieren, doch wie sagt man im Rheinland so schön: „Jeder Jeck ist anders." Was für Sie gut ist, das wissen in Wahrheit nur Sie alleine. Vertrauen Sie auf sich!

Nehmen Sie sich viel Zeit für Ihren Körper, streicheln Sie ihn ausgiebig, gönnen Sie sich eine schöne Creme auf Ihrer Haut. Es ist natürlich auch eine wundervolle Übung für zwei, sich gegenseitig mit einer Ölmassage zu verwöhnen. Dabei werden Sie spüren, wo es Ihnen besonders guttut, angefasst zu werden, und wo nicht. Indem Sie Ihren Körper erkunden oder erkunden lassen, finden Sie heraus, was Ihr Körper braucht.

Probieren Sie statt der nächsten Diät mal gesundes Essen aus – mit Genuss, aber maßvoll. Essen Sie gute Dinge, die Ihnen Spaß machen.

Stellen Sie sich Ihren eigenen Plan auf, gehen Sie Ihren eigenen Weg. Experimentieren Sie, haben Sie Spaß am Ausprobieren und daran, sich selbst kennenzulernen!

Bewusst im Jetzt sein

Jeder Mensch hat eine Vergangenheit und eine Zukunft. Doch der Moment, wo das Leben gelebt wird, ist immer nur das Jetzt. Mit der Vergangenheit verbinden viele Menschen Gefühle wie Schuld und Zweifel, in der Zukunft verstecken sich oft Ängste. Im Jetzt aber, da können wir leben. Das Jetzt ist eine Art von Zwischenraum, es steht zwischen der Vergangenheit und der Zukunft, hier können Sie stehenbleiben und einfach nur sein.

Das Jetzt kann man spüren und sich darin von einem Moment zum nächsten treiben lassen. Nehmen Sie sich immer wieder solche Momente und wenn möglich auch ganze Tage, an denen Sie sich einfach treiben und sich von Ihren Impulsen leiten lassen. Verlassen Sie das Haus mal ganz ohne Ziel und ohne Agenda. Folgen Sie Ihren Instinkten: Biegen Sie links ab oder rechts? Achten Sie auf Ihre Umgebung. Sie entdecken eine Eisdiele? Nichts wie rein und genießen. Oder ein Kinoplakat erheischt Ihre Aufmerksamkeit? Warum nicht mal spontan einen guten Film ansehen?

Seien Sie offen für alles, was Ihnen begegnet. Schauen Sie genau hin, vielleicht entdecken Sie Dinge in Ihrer Nähe, die Ihnen bisher immer entgangen sind. Gönnen Sie sich einen kleinen Abenteuerurlaub in Ihrer Stadt. Wer weiß, wo er Sie hinführt! Seien Sie offen für alles und freuen Sie sich auf Erlebnisse, die Ihnen mit einem festen Plan und dem Navi auf Ihrem Smartphone mit Sicherheit entgangen wären.

Manchmal muss sich etwas ändern im Leben. Dabei ist es wichtig, neue Ziele lieber in kleinen Schritten und mit Beharrlichkeit anzusteuern, als die Brechstange auszupacken. Wenn Sie merken, dass die Sommergarderobe zu sehr spannt, und Sie gerne wieder in das schicke geblümte Kleid passen würden, kann ich nur empfehlen, nicht gleich zu radikalen Maßnahmen zu greifen. Wer in kürzester Zeit zehn Kilo verlieren will, wird letztlich nichts erreichen und nur Frustrationen erleben. Nehmen Sie sich lieber vor, mal zwei Kilo abzuspecken. Wenn Sie das geschafft haben, können Sie immer noch darüber nachdenken, ob Sie noch zwei Kilo schaffen wollen. Bleiben Sie realistisch!

Wer immer alles auf einmal ändern will, erreicht meistens gar nichts.

Sich nicht anstecken lassen

Immer wieder erlebe ich Menschen, die geradezu reflexartig genau das erreichen wollen, was andere erreicht haben oder die andere am besten noch übertreffen möchten. Der beste Kumpel hat den Bootsführerschein gemacht – den will ich auch! Die Freundin hat ein großflächiges Tattoo auf dem Rücken – muss ich auch haben! Wenn es Ihnen mal wieder so geht, kann ich nur wieder die Blasentechnik empfehlen: Sehen Sie die anderen in ihrer Blase und sich selbst in der eigenen. So grenzen Sie sich gut ab.

Bleiben Sie einen Moment stehen und besinnen Sie sich voll und ganz auf sich selbst. Und dann fragen Sie sich: „Würde das, was der andere gerade getan hat, zu mir passen? Oder gibt es Wünsche und Ziele, die für mich viel erstrebenswerter sind?"

Eine Klientin erzählte, wie sie mit ihrem Mann einmal spontan eine Afrikareise buchte. Bei einer Abendgesellschaft hatten Freunde ihnen von ihrem Namibia-Trip vorgeschwärmt, nun mussten sie unbedingt auch dorthin. Dabei konnten sie beide keine Hitze vertragen, die Frau litt auch noch unter Flugangst. Das Fazit der Reise: eine Strapaze zum Preis eines Kleinwagens, und statt sich zu erholen haben die beiden 14 Tage lang ständig gestritten. Der nächste Urlaub geht wieder an die Nordseeküste.

Was anderen guttut, muss Ihnen noch lange nicht guttun. Nicht einmal Yoga ist da ausgenommen. Eine Klientin meldete sich zu einem Kurs an, weil alle Freundinnen hingingen. Aber sie musste gleich feststellen, dass es ihr überhaupt keinen Spaß machte, weil sie sich vollkommen ungelenkig fühlte. Die Stunden empfand sie als Demütigung und hatte das Gefühl, die Yogalehrerin würde sie die ganze Zeit kritisch beäugen. Mit jeder Anweisung verkrampfte sie sich noch mehr. Trotzdem wollte sie nicht aufgeben und ging weiter hin, auch wenn sie vor dem Kurs jedes Mal regelrechte Panik bekam. Die Geschichte verpasste ihr einen richtigen Knacks, denn auf einmal fing sie an, alles in ihrem Leben zu hinterfragen: „Wenn ich zu doof für Yoga bin, wer weiß, was ich noch alles nicht kann?"

Gemeinsam fanden wir heraus, dass der Grund für ihre Unsicherheit in der Schulzeit lag, wo sie im Sportunterricht von anderen Kindern geradezu gemobbt wurde. Was sie über Jahre verdrängt hatte, war über den Umweg Yogakurs wieder an die Oberfläche gekommen. Der Schlüssel, um die Probleme in den Griff zu bekommen, war, ihr inneres Kind zu stärken. Das hat ausgezeichnet funktioniert. Inzwischen macht sie wieder Yoga und kann herzlich darüber lachen, wenn sie bei einer neuen Übung ins Schleudern gerät.

 Fragen Sie sich immer: „Würde das, was andere tun, wirklich zu mir passen?"

„Ziemlich gut" ist das neue „perfekt"

Viel zu viele Menschen lassen sich von anderen Ziele vorgeben. Da ist die Frau, die von ihrem Mann erwartet, dass er eine perfekte Bilderbuchkarriere hinlegt, oder der Mann, der es für selbstverständlich hält, dass seine Frau perfekt den Haushalt und die Familie managt, und das womöglich noch neben ihrem Job. Dabei gibt es nur einen Menschen, der unsere Grenzen kennt, nämlich wir selbst. Und deshalb müssen wir selber sagen: „Bis hierhin und nicht weiter. Das will und kann ich tun, das nicht."

Lernen Sie, mit sich selber rücksichtsvoll umzugehen. Ich habe in meiner Praxis viele Menschen kennengelernt, die es schwer haben, sich mit ihren Fehlern auszusöhnen. Jeder von uns hat Schwächen, und das ist auch gut so, denn perfekt funktionieren können nur Maschinen. Wenn jemand ungeschickt ist, hilft am besten Humor weiter. Denn wenn man aus jedem zerbrochenen Teller ein Drama macht, dann wird das Leben leicht zur Tragödie. Natürlich muss man sich mit seinen Fehlern auseinandersetzen, damit sie nach Möglichkeit nicht mehr passieren, aber dann kann man sie auch abhaken. Wenn wir Fehler als das wahrnehmen, was sie sind, nämlich ein Teil eines lebenslangen Lernprozesses, wird der innere Kritiker schnell verstummen. Und statt uns immer wieder unsere Schwächen vorzuhalten, können wir uns umso mehr über unsere Stärken freuen.

Es gibt einen wunderbaren Song von Lou Reed. Darin beschreibt der Sänger einen Tag, der tatsächlich das Prädikat „perfekt" verdient hat. Ein Paar füttert im Zoo die Tiere und trinkt etwas. Einen besonderen Jahrgang Mouton Rothschild? Nein, Sangria. Später gehen sie nach Hause und schauen sich einen Film an. „It's such a perfect day, I'm glad I spent it with you." So einfach kann es sein.

Wer lernt, die kleinen Dinge im Leben wertzuschätzen, muss sich keine abgehobenen Ziele mehr setzen.

Wer lernt, die kleinen Dinge im Leben wertzuschätzen, muss sich keine abgehobenen Ziele mehr setzen. Denn wenn man denen nachjagt, stellt man sehr oft nach zahllosen selbstauferlegten Prüfungen fest, dass der Aufwand der Mühe gar nicht wert war: Was das Leben lebenswert macht, war doch längst da. Die glücklichsten Menschen sind diejenigen, die die Schönheit eines Moments erkennen und genießen können. Kein Mensch kann ein ähnlich perfektes Spektakel inszenieren wie einen Sonnenuntergang. Wir sollten uns mehr Zeit nehmen, solche Momente zu genießen, und uns über all das freuen, was uns und unser Leben einzigartig macht.

Ich mach mir die Welt, wie sie mir gefällt ...

- **Topthema:** Endlich selbstbestimmt leben – nie mehr alles recht machen

- **Praktisch und kompetent:** Benita Feller ist Heilpraktikerin für Psychotherapie und erzählt authentische Geschichten aus ihrer Praxis

- **Die Autorin** hat eine eigene Technik, die Blasentechnik, entwickelt, die einfach und effektiv hilft

Benita Feller & Michael Brepohl
Lebe lieber selbstbestimmt
224 Seiten, 14,5 x 21,5 cm, Softcover
ISBN 978-3-86910-411-9
€ 19,99 [D] / € 20,60 [A]

Der Ratgeber ist auch als eBook erhältlich.

Den inneren Kritiker entwaffnen

- Der Ratgeber für alle, die endlich selbstbewusster auftreten möchten

- Mit vielen authentischen Fallbeispielen

- Lösungsorientiert und individuell: das 10-Schritte-Programmm für einen positiven Umgang mit sich selbst

- Maximales Verständnis für den Leser: mit ergänzenden Videos des Autors per QR-Code

Lukas Rick

Selbstwertgefühl steigern

192 Seiten
14,5 x 21,5 cm, Softcover
ISBN 978-3-86910-410-2
€ 19,99 [D] / € 20,60 [A]

Der Ratgeber ist auch als eBook erhältlich.

Regeneration
statt Hamsterrad

- Pausen effektiv nutzen und Stress vorbeugen
- Das Erfolgs-Training für Alltag und Arbeitsplatz von Top-Mentalcoach Peter Solc
- Leicht verständlich, überall umsetzbar

Peter Solc

Die TIME-OUT-Taktik

224 Seiten
14,5 x 21,5 cm, Softcover
ISBN 978-3-86910-505-5
€ 19,99 [D] / € 20,60 [A]

Der Ratgeber ist auch als eBook erhältlich.

- Veränderung und neue Gewohnheiten machen Spaß! Effektives Zeitmanagement in der digitalisierten Arbeitswelt findet zuallererst im Kopf statt!

- Sofort umsetzbare Tipps für eine Work-Life-Balance trotz Überall-Erreichbarkeit und Stressfaktor Smartphone

- Individuell: Ein Ratgeber, der neue Schwerpunkte setzt und so mehr Flexibilität und individuelle Lösungen bietet

Ivan Blatter

Arbeite klüger - nicht härter!

168 Seiten
14,5 x 21,5 cm, Softcover
ISBN 978-3-86910-776-9
€ 19,99 [D] / € 20,60 [A]

Der Ratgeber ist auch als eBook erhältlich.

...bringt es auf den Punkt.

Bibliografische Information der Deutschen Nationalbibliothek
Die Deutsche Nationalbibliothek verzeichnet diese Publikation in der Deutschen
Nationalbibliografie; detaillierte bibliografische Daten sind im Internet über
http://dnb.ddb.de abrufbar.

ISBN 978-3-86910-677-9 (Print)
ISBN 978-3-86910-678-6 (PDF)
ISBN 978-3-86910-679-3 (EPUB)

Originalausgabe

© 2019 humboldt
Eine Marke der Schlüterschen Verlagsgesellschaft mbH & Co. KG,
Hans-Böckler-Allee 7, 30173 Hannover
www.humboldt.de
www.schluetersche.de

Autoren und Verlag haben dieses Buch sorgfältig erstellt und geprüft. Für eventuelle Fehler
kann dennoch keine Gewähr übernommen werden. Weder die Autoren noch der Verlag
können für eventuelle Nachteile oder Schäden, die aus den im Buch vorgestellten Übungen
und praktischen Hinweisen resultieren, eine Haftung übernehmen.

Lektorat: Linda Strehl, München
Layout: Sehfeld, Hamburg
Covergestaltung: ZERO Werbeagentur, München
Covermotiv: Shutterstock – Leremy, grebeshkovmaxim
Satz: PER MEDIEN & MARKETING GmbH, Braunschweig
Druck und Bindung: gutenberg beuys feindruckerei GmbH, Langenhagen